"认识中国·了解中国"书系
"十三五"国家重点出版物出版规划项目

当代中国社会建设

主　编　马庆钰
副主编　马福云　李志明

中国人民大学出版社
·北京·

序言　实质性推进共建共治共享的中国社会建设

马庆钰

民生是社会建设的核心内容。从狭义上有针对性地提出“社会建设”的命题，将其与以往的经济建设、政治建设和文化建设相提并论，是党和政府对中国特色社会主义的认识的深化，是党和政府应对社会发展要求，对国家管理内涵进行的补充和对政府职能做出的重大调整。在党的十六大以前，党和政府主要谋划经济建设、政治建设和文化建设，2002年党的十六大开始提“社会更加和谐”。2004年9月，党的十六届四中全会提出了“加强社会建设和管理，推进社会管理体制创新”的要求。2006年10月召开的党的十六届六中全会，在《中共中央构建社会主义和谐社会若干重大问题的决定》中第一次提出“推动社会建设与经济建设、政治建设、文化建设协调发展”。从党的十六届四中全会到十九届五中全会关于社会建设的论述看，社会建设在本质上就是改善和保障民生。在国家和社会治理现代化的进程中，改善和保障民生毫无疑问是党和政府重中之重的议题和使命。面对当下如火如荼的民生工程和社会建设的话语热浪，人们仍然需要进一步对民生和社会建设的本质、社会力量参与社会建设的时代意义，以及责任共担的建设方式有更清醒、更客观和更准确的认识。

第一，更全面地认识民生和社会建设中的社会参与内涵。民生工程即社会建设工程。民生是什么？似乎是一个不需要讨论的问题。迄今综合起来看，民生主要聚焦于人的物质生活条件上。古代先贤的朴素观点无须赘言；近代孙中山先生认为民生主要是衣、食、住、行四个方面；当今学者在基本物质条件基础上又增加了教育、就业、收入分配、社会保障、医疗卫生乃至公平正义、民主法治等内容；还有学者在“民众的基本生存和生活状态”之外，又加上了“民众的基本发展机会、基本发展能力和基本权益的状况”。现在关于民生的主流表述是“幼有所育、学有所教、劳有所得、病有所医、老有所养、住有所居、弱有所扶”。从理论和实践情况看，关于民生的认识在不断深化，但仍没有深入人性需求的本质；关于民生内容的边界在不断拓展，却仍没有得到清晰的界定；关于民生的话题是社会热点，却仍没有真正形成理性共识。民生和社会建设到底是什么，对于政策制定和民生建设而言，的确还有讨论空间。

民生建设具有永恒性。民生建设的永恒性决定于人的生命需求，活着和活得有品位是人的本能和需求。人从形单影只到结为社群和国家组织，主观上是为了获取更好的生存和生活资源。国家生活资源的“连接中枢”即执政者一般都不会公然主张与民生作对，都会把注重民生视为治国理政的根本。所以华夏自古有重民、民本的思想，明君无不行以民为重的仁术，至于结果则因治而异，大相径庭。

民生建设具有动态性。其动态性是说人的生存、生活的主观需求会根据客观环境条件不断变化。马斯洛的“需求层次理论”很好地解释了人的生存、生活需求会在主客观适应的环境中不断变化发展的规律。人性决定了人的需求不可能在吃饱穿暖生儿育女的最低需求基线固守不变。就人的生活需求而言，在油盐酱醋茶、吃喝穿住行满足后，“实现自我价值”是永远不曾泯灭的理想和追求。

民生建设具有全面性。与其他动物不一样，人需要的是一种既有

“体面”又有“尊严”的生活。体面侧重于物质满足即生存需求，尊严侧重于精神满足即个人价值实现的需求。今天大多数人说到民生工程时，所关注和强调的主要是社会成员物质生活条件的改善，精神层面的尊严则相对被漠视。这个现象说明当下民生工程中，存在对民生的理解缺陷，进而影响到民生政策的制定与实施。实际上，党的十九大报告对民生内涵做了非常全面的总结：中国社会主要矛盾已经转化为“人民日益增长的美好生活需要和不平衡不充分的发展之间的矛盾”；人民“不仅对物质文化生活提出了更高要求，而且在民主、法治、公平、正义、安全、环境等方面的要求日益增长”。从中可以看出，关于民生的内涵已经不限于经济民生，而且还包括了“政治民生、法治民生、生态民生”，即关照到了人更为广泛的民生需求。这意味着国家民生政策和实践在聚焦“幼有所育、学有所教、劳有所得、病有所医、老有所养、住有所居、弱有所扶”的同时，还要着力为实现有效社会参与、拥有良好生活环境创造条件。这既是民生中尊严和精神层次的本质要求，也是民生工程有效推进的重要保证。

第二，更客观地认识民生和社会建设中的社会参与价值。谁是民生和社会建设工程的责任主体？对这个问题的回答未必一致。迄今仍有不少人认为“幼有所育、学有所教、劳有所得、病有所医、老有所养、住有所居、弱有所扶”的责任理所当然属于党和政府以及一些附属的公共部门，这实际上是计划经济时代的传统思维。改革开放带来的社会转型，民生需求的规模压力，社会力量的迅速发展，都需要政策设计者和管理者放弃一元责任主体的惯性思维，承认社会力量参与对民生工程的重要性。

社会力量参与民生建设工程是社会转型和进步的需要。世界银行在2012年计算的中上收入国家门槛线是人均GDP 4 085美元。2010年底，按照同期美元汇率计算，中国是4 400美元。到2019年底，中国人均GDP超过10 000美元，已经大大超过世界银行的最低标准。据此可以说中国已经告别物质匮乏阶段，进入“罗斯托模型”的“成熟阶段”。今天的中国，经济发展和人民生活大大改善，物质匮乏阶段物质消费需求与物质生产供给不足之间的矛盾已基本消除，社会公众强烈的参与需求与参与条件供给不足矛盾渐显。这个变化的重要结果，就是要求党和政府不仅要改进社会管理和改进社会服务，而且要更加重视改进“社会参与”，这既是改善民生的需要，也是广大人民群众伴随物质生活水平提高而追求自我价值实现的需要。

社会力量参与民生建设工程符合供给侧结构性改革要求。习近平总书记说，“供给侧结构性改革，重点是解放和发展社会生产力”。民政部《2019 年民政事业发展统计公报》显示，在公益慈善领域存在大量服务需求群体。截至 2019 年底，65 岁以上老者约为 1.76 亿人，重度残障者约 1 368 万人，农村和城镇特困群体约 468 万人，孤儿约 23 万人。根据“赛迪顾问”和“中研普华公司”等咨询机构的研究，“十四五”期间中国养老服务需求规模大约 8 万亿元，医疗健康服务需求规模约 8 万亿元，民办教育需求规模在 3 万亿元左右。面对如此庞大的社会服务需求，仅仅依靠党和政府以及公共机构无法满足。而以社会组织为代表的社会力量参与民生和社会建设工程适逢其时，一个由政府部门和事业单位再加上社会组织等社会力量组成的多元供给主体结构，将有助于提高当下的民生工程建设效率。

社会组织快速成长具备了参与民生和社会建设工程的条件。经过 40 多年的改革开放，中国社会组织得到了相当程度的发展。截至 2019 年底，全国共有社会组织 86.6 万个，吸纳社会各类人员就业超过 1 000 万人。其中社会团体 371 638 个，各类基金会 7 585 个，社会服务机构 467 112 个。这些组织已经成为具有一定规模的社会服务部门。根据中央党校（国家行政学院）“中国社会组织经济总规模测算研究课题组”对 2016 年年末社会组织经济规模的测算，全国 70 万家法人社会组织创造的增加值约为2 789亿元，比当年青海省 GDP 总量还多了将近 217 亿元，占同年第三产业增加值的 0.73%，其中社会服务机构增加值 2 272 亿元，社会团体增加值 356 亿元，基金会增加值 161 亿元。2016 年全国社会组织的支出总规模约 6 373 亿元，占同年第三产业 GDP 的 1.66%，其中社会服务机构支出 5 140 亿元，社会团体支出 972 亿元，基金会支出261亿元。这让人们对社会组织的成长及其对国家经济社会发展的作用有了一个全新的认识。党和政府要重视社会组织的能量，通过良好的制度安排将它们吸纳到民生和社会建设工程中来。

第三，更自觉地走人人参与的社会治理共同体之路。

多元参与是来之不易的社会治理探索的成果。从2002年党的十六大提出完善政府的社会管理和公共服务职能，到2019年党的十九届四中全会提出建设社会治理共同体，最终把社会建设工程置于社会治理的机制之上。社会建设的目的是让人民生活得更有品质，能够幼有所育、学有所教、劳有所得、病有所医、老有所养、住有所居、弱有所扶，让人们在一个更加公平、更加和谐、更加自主、更加安全的社会环境中生活和工作。为此，需要持续推进社会保障、就业创业、卫生健康、脱贫攻坚、公共服务、基层自治、矛盾调处、防灾救灾、社会治安等方面的政策机制和执行机制的构建和完善；需要坚持系统治理、依法治理、综合治理、源头治理，提高社会治理社会化、法治化、智能化、专业化水平，实现政府治理与社会调节、居民自治良性互动。过去的实践证明，浩繁的社会建设目标和社会治理任务是难以由公共权力部门单独完成的，需要依靠党委领导、政府负责、社会协同、公众参与、民主协商的多元参与才能有望实现。

社会治理共同体是社会治理探索的新境界。党的十九大对多元治理的认识还处于“社会治理格局”的层面，党的十九届四中和五中全会则将这一认识，提升到了“社会治理共同体”的新境界。两者的不同在于，“格局”是参与者的场景打造，而“共同体”则是成员之间相互依存的有机联结。基于包括利益相关、血缘相连、观念相近、语言相同、文化认同、偏好相似、情感相接、聚居相邻等原因，社会会形成以权利和义务为核心的，或正式或非正式、或紧密或松散、或自然或非自然的各种各样、大大小小的政治的、经济的、文化的、社会的以及日常生活的共同体。它们有相互联结的基础条件，有内部权利和义务的约定，有资源配置的制度和机制，也有成员参与的规定和习惯。其中，社会治理共同体是人们围绕社会建设工程，为实现自己对公平、正义、和谐、自主、安全等目标的理想追求，在从社区到国家的由小到大的不同层次上形成的有机联结体。这些共同体的联结点是与每个人物质和精神生活相关的利益，这些共同体的联结机制是在权利与义务的约定基础上建立的。

努力补齐社会治理共同体各单元中的短板。无论是人们生活的小区治理共同体，还是国家治理共同体，其一草一木的枯荣和每一项社会建设政策的制定与执行，都关乎共同体中每个家庭和每个成员的生存体验和生活品质。从党的十六届六中全会开始，党逐步探索多元参与的社会治理格局和社会治理共同体建设，迄今已成效显著。但从参与程度看，这个多元结构的主体仍然参差不齐。由于传统观念、环境因素和现实条件的影响，相对于公共权力部门的体制和传统优势，社会协同、公众参与、民主协商等仍然是多元参与社会治理格局中的短板。党作为社会治理共同体的领导者，应当在制度环境和法规政策上，为社会力量实质性参与社会建设创造一切必要条件。首先是补齐社会治理短板。党应充分认识社会参与的时代意义，着力扶持社会组织等社会力量健康发展，发挥社会主体参与社会建设的积极性，培养社会自主治理能力，培养人民的公民意识，完善多元治理格局。其次是支持社会力量在供给侧发力，推动党政权力部门和社会组织等社会力量明确权责，支持社会组织在供给侧结构性改革中担当、尽责。最后是着力发展自治、法治和德治相结合的社区治理，实现社会治理重心下移，从体制、组织、程序上保障社区居民的民主选举、民主决策、民主管理、民主监督四项权利。

社会建设浩繁工程是我国各级各类社会治理共同体成员的共同事业，需要共同体所有利益相关者的切实普遍参与。我们应在习近平新时代中国特色社会主义思想指引下，既充分发挥党委领导和政府推动的作用，又通过创造良好制度环境保障各有关主体积极参与和良性互动，从而形成社会建设的合力，真正建成人人有责、人人尽责、人人享有的社会治理共同体。

目　录

Social Development of Contemporary China

第一章

以人民为中心全面推进新时代社会建设

1

以人民为中心全面推进
新时代社会建设

党的十九大报告提出，要“坚持以人民为中心”，“在发展中保障和改善民生”。党的十九届五中全会提出，要“坚持把实现好、维护好、发展好最广大人民根本利益作为发展的出发点和落脚点，尽力而为、量力而行，健全基本公共服务体系，完善共建共治共享的社会治理制度，扎实推动共同富裕，不断增强人民群众获得感、幸福感、安全感，促进人的全面发展和社会全面进步”。这充分体现了党“发展为了人民、发展依靠人民、发展成果由人民共享”的人民至上的价值理念。

一、社会发展与社会建设的提出

中国特色社会主义进入新时代，新时代要求社会建设有新发展。这个新发展，既与新中国成立 70 多年来的发展一脉相承，又有很大的不同，面临诸多新情况新变化。一是党的十八大以来，在经济社会发展取得重大成就的基础上，党和国家事业发生历史性变革，我国发展站在了新的历史起点上，社会建设需要新气象新作为；二是我们党执政面临的社会环境和现实条件发生了深刻变化，发展理念和方式有重大转变，对社会建设的要求更高；三是我国社会的主要矛盾已经转化为人民日益增长的美好生活需要和不平衡不充分的发展之间的矛盾，需要更加注重全面协调可持续发展，需要着力解决好发展不平衡不充分的问题，尤其是要解决好社会建设不平衡不充分的问题；四是从党的十九大到二十大，是“两个一百年”奋斗目标的历史交汇期，要在全面建成小康社会、实现第一个百年目标之后，开启全面建设社会主义现代化国家新征程、向第二个百年目标前进，这就需要社会建设取得更大成效，踏上更高台阶。

党的十九大报告强调：“必须始终把人民利益摆在至高无上的地位，让改革发展成果更多更公平惠及全体人民，朝着实现全体人民共同富裕不断迈进。”我国的发展是以人民为中心的发展。全面建成小康社会和进行社会主义现代化建设，就是为了满足人民对美好生活的向往，促进人的全面发展。而人的全面发展又是推动社会建设发展的动力，两者相辅相成，相得益彰。因此，在新的历史阶段，以人民为中心全面推进新时代社会建设意义重大。

在社会发展过程中，人民始终没有停止对美好生活的追求，以及对良好社会秩序的向往。如今，党提出了坚持在发展中保障和改善民生、加强和创新社会治理的新时代中国特色社会主义社会建设基本方略，这既是对历史的继承，也是对现实的创新，具有深远的历史和时代背景。

1. 社会发展与社会建设提出的历史背景

新中国成立后，经过三大改造，以生产资料公有制为基础的社会主义制度基本建立，我国经济社会领域发生了深刻变革。1956 年党的八大指出了今后的主要任务是把我国尽快地从落后的农业国变为先进的工业国，以解决人民群众对经济文化发展的需要。党的十一届三中全会确立了“以经济建设为中心”的基本路线不动摇，成功地走出了一条具有中国特色的社会主义道路。中国特色社会主义制度的完善和经济发展为日后社会建设的提出，以及人民对美好生活的更高追求奠定了重要基础。

1982 年，五届全国人大五次会议批准了国民经济和社会发展的第六个五年计划，制定了“社会发展计划”专编，确定了人口增长、劳动就业、社会保障、收入分配、卫生健康、科技教育和社会秩序等方面的规划和要求。“六五”计划在经济和社会的发展战略上，从片面追求工业特别是重工业产值产量的增长，转向以提高经济效益为中心，注重经济、科技、教育、文化和社会的全面发展，开始关注社会发展的重要性。

1986 年，党的十二届六中全会提出以经济建设为中心，坚定不移地贯彻落实经济体制改革、政治体制改革和精神文明建设。党的十六大提出中国特色社会主义事业的总体布局是经济建设、政治建设、文化建设“三位一体”，同时第一次将“社会更加和谐”作为重要目标提出。党的十六届四中全会在中国特色社会主义事业的总体布局中增加了社会建设，将“三位一体”拓展为“四位一体”，首次完整提出“构建社会主义和谐社会”，并将其正式列为中国共产党全面提高执政能力的要素之一。党的十六届六中全会通过的《中共中央关于构建社会主义和谐社会若干重大问题的决定》，较系统地阐述了“构建和谐社会”基本理论，使党的执政理念得到升华。构建和谐社会适应了我国改革发展进入关键时期的客观要求，体现了广大人民群众的根本利益和共同愿望，具有重大的现实意义和深远的历史意义。

党的十七大报告、十八大报告、十九大报告和十九届五中全会《中共中央关于制定国民经济和社会发展第十四个五年规划和二〇三五年远景目标的建议》都对社会建设作了专章论述。党的十七大报告以“加快推进以改善民生为重点的社会建设”为章题，在优先发展教育、实施扩大就业的发展战略、深化收入分配制度改革、加快建立覆盖城乡居民的社会保障体系、建立基本医疗卫生制度、完善社会管理、维护社会安定团结等方面对社会建设任务进行了部署。党的十八大报告以“在改善民生和创新管理中加强社会建设”为题，指出加强社会建设必须从维护最广大人民群众根本利益的高度着手，加快健全基本公共服务体系，加强和创新社会管理，推动社会主义和谐社会的建设。针对社会矛盾比较突出以及社会领域存在的各种问题，党和政府在社会治理方面不断进行改革和探索。党的十九大报告以“提高保障和改善民生水平，加强和创新社会治理”为题，强调保障和改善民生要抓住人民最关心最直接最现实的利益问题，既尽力而为，又量力而行，一件事情接着一件事情办，一年接着一年干。坚持人人尽责、人人享有，坚守底线、突出重点、完善制度、引导预期，完善公共服务体系，保障群众基本生活，不断满足人民日益增长的美好生活需要，不断促进社会公平正义，形成有效的社会治理、良好的社会秩序，使人民获得感、幸福感、安全感更加充实、更有保障、更可持续。党的十九届五中全会通过的《中共中央关于制定国民经济和社会发展第十四个五年规划和二〇三五年远景目标的建议》，以“改善人民生活品质，提高社会建设水平”为题，重申坚持把实现好、维护好、发展好最广大人民根本利益作为发展的出发点和落脚点，尽力而为、量力而行，健全基本公共服务体系，完善共建共治共享的社会治理制度，扎实推动共同富裕，不断增强人民群众的获得感、幸福感、安全感，促进人的全面发展和社会全面进步。从国家建设和发展的进程看，党的领导和工作重心伴随着环境变化和认识理念的升华，经历了从以经济发展为主旋律到经济与社会发展并重的过程，经历了以经济建设为主向包括民生和社会建设在内的全面发展的过程。

2. 社会发展与社会建设提出的时代背景

党的十八大以来，在以习近平同志为核心的党中央的领导下，我国积极推进社会主义经济建设、政治建设、文化建设、社会建设、生态文明建设，提出了一系列新理念新思想新战略，出台了重大的方针政策和举措，国家综合国力和国际影响力显著提高。尤其是在社会建设领域，党中央坚持以人民为中心的发展思想，顺应人民群众对美好生活的向往，推动我国社会建设取得了骄人的成绩，一大批惠民举措落地实施，人民参与感、获得感、安全感、幸福感显著增强，人民生活不断改善。

经济发展是社会建设的基石与保障。从经济建设的状况看，我国经济得到了平稳健康发展。2013—2016 年国内生产总值年均增长 7.2%①，2019 年增长 6.1%②；2013—2018 年，中国对世界经济增长的年均贡献率提升至 28.1%，居世界第一位；自 2010 年起我国经济总量稳居世界第二位。我国经济结构不断优化，服务业比重、消费对经济增长的贡献率等均有显著提高。2015—2019 年，我国常住人口城镇化率由 56.1% 提高到 60.6%③。党的十九大报告指出，2012—2017 年，我国共推出 1 500 多项改革举措，全面深化改革的力度之大前所未有。从社会发展情况来看，人民获得感明显增强。就业状况得到改善，2019 年末全国城

① 张玲. 中国经济年均增长 7.2% 全球贡献率 30%. 证券日报，2017-10-11.
② 国家统计局. 中华人民共和国 2019 年国民经济和社会发展统计公报，2020-02-28.
③ 同②.

镇就业人员 44 247 万人，占全国就业人员的比重为 57.1%，比上年末上升 1.1 个百分点；2019 年全国居民人均可支配收入为 30 733 元，比上年增长 8.9%，扣除价格因素，实际增长 5.8%；2015—2019 年，农村贫困人口减少 5 024 万，贫困发生率从 5.7%降至 0.6%①，脱贫攻坚取得决定性胜利；教育事业全面发展，中西部和农村教育明显加强；社会保障建设日趋完善，建立起世界上最大的社会保障安全网；人均寿命由 2010 年的 74.83 岁提高到 2019 年的 77.3 岁②。经济与社会领域取得的阶段性成就，标志着我国发展已站到了一个新的历史起点上，为深入推进社会建设奠定了决定性基础。

然而，我们必须清醒地认识到，虽然我国国内生产总值保持较快增长，综合国力大幅提升，但潜在的矛盾和问题还很突出，全面建成小康社会在社会建设方面还存在着诸多短板弱项。一是发展不平衡不充分的突出问题尚未解决，发展质量和效益不高，创新能力不够强；城乡区域发展和收入分配不平衡不充分，个体、地区和群体之间的收入差距依然较大；群众在就业方面仍然面临不少困难；农村的教育资源匮乏，教师队伍不稳定，农村孩子受教育程度和文化水平远低于城市；医疗健康方面，“看病贵”“看病难”的问题仍然困扰着广大群众，基层医疗机构的医疗水平亟待提高，分级诊疗制度需尽快落实推广；养老服务任重道远，近年来政府在机构养老上投入了较大的力量，但社区养老和居家养老服务的总体水平仍然不高，专业服务队伍和志愿者服务队伍未系统建立，养老服务的信息化建设、老年人护理保险制度等需尽快建立推广；社会文明程度尚需提高，社会矛盾和问题交织叠加，全面依法治国任务依然繁重，国家治理体系和治理能力有待完善和加强；等等。二是社会组织管理和服务质量有待加强。各类社会组织快速增多，但因发展培育不足，其组织活力不强、作用发挥不够。三是公共安全形势严峻。安全生产事故时有发生，食品药品安全问题时有出现。四是信息网络管理任

① 国家统计局. 中华人民共和国 2019 年国民经济和社会发展统计公报，2020-02-28.

② 《2019 年我国卫生健康事业发展统计公报》发布.（2020-06-07）. http://gx.people.com.cn/n2/2020/0607/c229247-34069055.html.

务日益繁重。我国是世界上互联网使用人口最多的国家，外部势力千方百计对我们进行渗透破坏，国家安全面临严峻挑战。另外，人民内部矛盾易发多发，因劳资纠纷、医患纠纷、环境污染等引发的矛盾明显增多，且涉及各行业各阶层。

经过长期努力，中国发展进入了新时代。党清楚地认识到，人民生活质量好坏是检验执政合格与否的尺度；对党一切工作成效的评价，最终都要看人民是否真正得到了实惠，人民生活是否真正得到了改善，人民权益是否真正得到了保障。因此，加强新时代社会建设工作意义重大。面对人民过上更好生活的期待，以及发展不平衡不充分等尚未解决的一系列问题，新时代对社会建设提出了更高更全面的要求。十九大报告指出，在民生和社会建设方面，要实现人民生活更为宽裕，中等收入群体比例明显提高，城乡区域发展差距和居民生活水平差距显著缩小，基本公共服务均等化基本实现，全体人民共同富裕迈出坚实步伐；实现幼有所育、学有所教、劳有所得、病有所医、老有所养、住有所居、弱有所扶的美好愿景；实现更高质量和更充分就业；现代社会治理格局基本形成，社会充满活力又和谐有序，政府治理和社会调节、居民自治良性互动，人民获得感、幸福感、安全感更加充实、更有保障、更可持续。党的十九届四中全会提出，“坚持和完善共建共治共享的社会治理制度，保持社会稳定、维护国家安全”，并将其纳入中国特色社会主义制度建设中，为新时代进一步加强和创新社会治理指明了发展方向。

新时代产生的新矛盾新问题，是我国全面建成小康社会的重点和难点，是新时代社会建设面临的重要任务，需要认真对待和充分解决。党的十九大报告指出，新时代我国社会主要矛盾已经转化为人民日益增长的美好生活需要和不平衡不充分的发展之间的矛盾。人们不仅对物质文化生活提出了更高的要求，而且在公平、正义、安全等方面的要求日益增长，这就给新时代社会建设提出了新使命和新责任。在新的历史方位中，我们必须坚持问题导向，针对新时代我国社会的主要矛盾，着力解决发展过程中出现的不平衡不充分问题，有效提升发展的质量和效益。这不仅是新时代中国特色社会主义建设的客观要求，也体现了广大人民群众的根本利益和共同愿望。

二、社会建设的主要内容与基本理论

“带领人民创造幸福生活，是我们党始终不渝的奋斗目标。我们要顺应人民群众对美好生活的向往，坚持以人民为中心的发展思想，以保障和改善民生为重点，发展各项社会事业，加大收入分配调节力度，打赢脱贫攻坚战，保证人民平等参与、平等发展权利，使改革发展成果更多更公平惠及全体人民，朝着实现全体人民共同富裕的目标稳步迈进。”这是习近平总书记在庆祝中国共产党成立九十五周年大会上所指出的。可见，坚持以人民为中心，增进人民福祉始终是一切工作的出发点和落脚点。党的十八大以来，党中央坚持以民为本的执政理念不动摇，一手抓民生，一手抓社会治理，努力提高人民群众生活水平，在社会建设领域取得了巨大成就。党的十九大根据中国特色社会主义事业“五位一体”总体布局，做出了一系列重大决策部署。其中，新时代中国特色社会建设的要求和目标是：在发展中保障和改善民生，加强和创新社会治理。党的十九届四中全会提出了中国特色社会主义制度和国家治理体系的“十三大显著优势”，包括“坚持以人民为中心的发展思想，不断保障和改善民生、增进人民福祉，走共同富裕道路的显著优势”“坚持改革创新、与时俱进，善于自我完善、自我发展，使社会充满生机活力的显著优势”等内容。同时，十九届四中全会公报提出：“必须加强和创新社会治理，完善党委领导、政府负责、民主协商、社会协同、公众参与、法治保障、科技支撑的社会治理体系，建设人人有责、人人尽责、人人享有的社会治理共同体，确保人民安居乐业、社会安定有序，建设更高水平的平安中国。”

习近平总书记在十八届中央政治局常委同中外记者见面时指出：“人民对美好生活的向往，就是我们的奋斗目标。”谋民生之利，解民生之忧，增进民生福祉是发展的根本目的。社会建设必须坚持以人民为中心，抓住人民最关心最直接最现实的利益问题，不断满足人民日益增长的美好生活需求。新时代社会建设包括以下四方面的内涵：第一，坚持尽力而为和量力而行的工作方法；第二，坚持人人有责、人人尽责、人人享有的工作方针；第三，坚持坚守底线、突出重点、完善制度、引导预期的工作原则；第四，坚持改善和保障民生、加强和创新社会治理的工作内容，从而促进公平正义，建设社会治理共同体，不断提高人民群众的生活水平。

1. 坚持尽力而为和量力而行的工作方法

“尽力而为、量力而行”是一个责任型政府和服务型政府保障和改善民生的重要承诺。2013 年，习近平总书记在海南考察工作时强调：“做那些现实条件下可以做到的事情，让群众得到看得见、摸得着的实惠。决不能开空头支票，也要防止把胃口吊得过高，否则就会失信于民。”2015 年，他在浙江调研时强调，社会建设要以共建共享为基本原则，在体制机制、制度政策上系统谋划，从保障和改善民生做起，坚持群众想什么、我们就干什么，既尽力而为又量力而行，多一些雪中送炭，使各项工作都做到愿望和效果相统一。这为深入推进社会建设、做好民生工作提供了科学的方法论指导。

一方面，“尽力而为”表达了满满的民生情怀，以及坚决贯彻落实社会建设任务的坚定决心。对待人民关心的社会建设问题，绝不能可做可不做，也不能可做十分却做九分，而需要坚定不移地完成，付诸十分之力。一个立志尽力而为让人民过上幸福美好生活的政府，一定是把人民利益放在首位的政府，这不仅仅代表了一种气魄，更彰显了一种精神。另一方面，“量力而行”要求政府在遵循科学发展观的基础上进行社会建设。改善民生绝不能脱离社会主义初级阶段和生产发展的背景，也不能说过头话、做过头事，否则只会适得其反，欲速不达，失信于民。因此，社会建设必须从现实国情出发，实事求是为人民办事，保障民生建设的持久力和生命力。总之，“尽力而为”体现了政府服务人民、关心百姓生活的坚定决心和根本立场，“量力而行”代表了政府对社会建设的高度负责与科学态度。在我国现发展阶段，保障和改善民生要抓住人民最关心最直接最现实的利益问题，既尽力而为，又量力而行，一件事情接着一件事情办，一年接着一年干。

2. 坚持人人有责、人人尽责、人人享有的工作方针

“天地之大，黎元为先。”社会建设必须以民为本、以民为先，坚持人人有责、人人尽责、人人享有的工作方针。“人人有责”强调了每个公民都是社会治理的主体，都承担了社会建设的责任和义务。一方面，每个社会成员都要参与到社会治理之中。没有公民的参与，治理就是空中楼阁，缺乏根基和活力。另一方面，由于中国的社会治理是党委领导、政府负责、民主协商、社会协同、公众参与、法治保障、科技支撑的多元结构，这个结构系统说明，每个社会参与主体都需要紧密协作，为“人人有责”提供平台支撑与制度保障。只有为各类社会组织和社区组织进行以民主选举、民主决策、民主管理、民主监督为内容的基层自治创造条件，人民群众的参与感和获得感才能得以保障。“人人尽责”是指，社会建设需要每个公民都承担相应的义务与责任，既不消极依赖，也不坐视不理。与此同时，“人人尽责”还要求党和政府通过完善制度、改进政策，为每个公民履行自己的责任提供机制保障。党组织和各级政府需要进一步鼓励和扶持社会组织的发展，让社会组织在供给侧结构性改革与社会建设发展过程中承担更多的责任和义务，为“人人参与”和“人人尽责”提供通道。“人人享有”是指让每一位公民都能享受改革开放的成果，让社会建设的果实惠及每一个家庭成员。坚持共享发展，首先要突出人民的主体地位，实现惠及全体人民的小康；其次要作出更有效的制度安排，逐步建立以权利公平、机会公平、规则公平为主要内容的社会公平保障体系，努力营造公平的社会环境，保证人民平等参与、平等发展权利。“治天下也，必先公，公则天下平矣。”只有让发展成果惠及百姓，全面小康才能聚力齐心；只有让人民平安幸福，中国才能在新时代的发展道路上稳步前行。

3. 坚持坚守底线、突出重点、完善制度、引导预期的工作原则

习近平总书记指出，在前进道路上，我们一定要坚持从维护最广大人民根本利益的高度，多谋民生之利、多解民生之忧，在发展中补齐民生短板、促进社会公平正义，在幼有所育、学有所教、劳有所得、病有所医、老有所养、住有所居、弱有所扶上不断取得新进展。特别是要从解决群众最关心最直接最现实的利益问题入手，做好普惠性、基础性、兜底性民生建设，全面提高公共服务共建能力和共享水平，满足老百姓多样化的民生需求。

坚守底线，就是要编织民生保障网的“网底”，全面建成覆盖全民、城乡统筹、权责清晰、保障适度、可持续的多层次社会保障体系，充分保障人民群众基本生活；要完善最低生活保障制度，统筹城乡救助体系，防范系统性社会风险，坚决打赢脱贫攻坚战，确保解决区域性整体贫困，做到脱真贫、真脱贫。突出重点，就是有所侧重，根据社会建设的重点群体、重点地区和重点内容，有节奏有章法地推动社会发展。现阶段，我国要在优先发展教育事业、提高就业质量和人民收入水平、实施健康中国战略等方面有所突破。完善制度，是指形成系统全面的制度保障。一方面要建立相应的制度，另一方面要提高制度的适应性能力，以满足经济社会的动态发展，使制度更加普惠和可持续。引导预期，就是要营造良好的舆论氛围和社会预期，保证新时代社会建设在合理、适当的预期引导下稳步推进，使改善民生成为既是党和政府工作的方向，又是广大人民群众自身奋斗的目标。

4. 坚持改善和保障民生、加强和创新社会治理的工作内容

社会建设是一项长期工作，没有终点，只有连续不断的新起点。新时代社会建设的主要任务有以下六个方面：优先发展教育事业，提高就业质量和人民收入水平，加强社会保障体系建设，坚决打赢脱贫攻坚战，实施健康中国战略，打造共建共治共享的社会治理格局。这些内容也是社会建设领域今后较长一个时期需要重点关注的。

第一，优先发展让人民满意的教育。百年大计，教育为本。党的十九大报告把教育摆在了社会建设领域优先发展的地位。习近平总书记指出，抓好教育是扶贫开发的根本大计，要让贫困家庭的孩子都能接受公平而有质量的教育，不要让孩子输在起跑线上，阻断贫困的代际传递。优先发展教育，办人民满意的教育，不仅是全面建成小康社会的要求，也是全面建设社会主义现代化国家、实现中国梦的重要前提。首先，要落实立德树人的根本任务，进一步推动素质教育，为经济社会发展提供强大的人才保障和智力支持。其次，持续推进教育公平，补齐民生短板。保基本、补短板、促公平，要求推进城乡教育一体化发展，高度重视农村义务教育，制定激励政策，支持乡村教师队伍建设，努力缩小城乡教育水平的差距。最后，深化教育领域综合改革，统筹各级各类教育事业发展，加快建设学习型社会。应建设中国特色职业教育体系，培养高素质劳动者和技术技能人才；推动一流大学和一流学科建设，实现高等教育内涵式发展；构建网络化、数字化、个性化、终身化的教育体系，增进优质资源共建共享；加强师德师风建设，培养高素质教师人才队伍，倡导全社会尊师重教的良好风气。

第二，把做好就业工作摆到突出位置，提高人民收入水平。习近平总书记指出，就业是最大的民生工程、民心工程、根基工程，必须抓紧抓实抓好。在经济转型升级过程中，应始终把促进就业作为经济社会发展的优先目标，实施更加积极的就业政策，创造更多就业岗位。一是大规模开展职业技能培训，着力解决结构性就业矛盾，鼓励以创业带就业，实现高质量就业。二是提供全方位的公共就业服务，满足劳动者多层次的就业需求。落实高校毕业生就业促进和创业引领计划，落实农民工多渠道就业创业，加强对困难人群的就业援助，帮助就业困难者就业。三是消除妨碍劳动力、人才社会性流动体制机制弊端，打破城乡、地区、行业分割和身份、性别歧视，建立统一规范灵活的人力资源市场，维护劳动者平等就业权利。四是完善政府、工会、企业共同参与的协商协调机制，构建和发展和谐劳动关系，努力让劳动者实现体面劳动、全面发展。

收入分配是民生之源，是改善民生、实现发展成果由人民共享最重要最直接的方式。一方面，要不断深化收入分配制度改革，完善以税收、社会保障、转移支付为主要手段的再分配调节机制。另一方面，以增加低收入者收入、调节过高收入、扩大中等收入群体为着力点，努力缩小城乡、区域、行业收入分配差距，形成稳定的“橄榄型”社会结构格局。

第三，建立健全多层次社会保障体系。社会保障发挥着社会稳定器的作用，与人民幸福生活息息相关。党的十九大报告指出，按照兜底线、织密网、建机制的要求，全面建成覆盖全民、城乡统筹、权责清晰、保障适度、可持续的多层次社会保障体系。这是社会保障系统自身发展完善的必然要求，也与全民建成小康社会的目标相契合。全面建成多层次社会保障体系，要求社会保障制度具有普惠性特征，打破城乡分割的格局，让全体人民享受平等的社会保障权利。坚持以政府为主导，积极发挥市场和社会各方力量，完善社会保险的主体性制度安排。同时，社会保障水平应与经济发展相适应，既要保障群众基本需求，也要避免“等靠要”等福利依赖的负面影响。最后，保证社会保障制度能够长久正常地运行和发展，真正做到消除贫困、改善民生，实现共同富裕。

第四，打赢脱贫攻坚战。习近平总书记指出，如果贫困地区长期贫困，面貌得不到改变，群众生活水平长期得不到明显提高，那就没有体现我国社会主义制度的优越性，那也不是社会主义。党的十九大报告提出，坚决打赢脱贫攻坚战，确保到 2020 年我国现行标准下农村贫困人口实现脱贫，贫困县全部摘帽，解决区域性整体贫困，做到脱真贫、真脱贫。党的十八大以来，我国脱贫成功走出了一条中国特色扶贫开发道路，使 7 亿多农村贫困人口成功脱贫，成为世界上减贫人口最多的国家。新时代，我们进一步因地制宜地推进多渠道和多样化精准扶贫，真正扶到点上、扶到根上。脱贫致富需充分调动贫困群众的积极性，注重从思想上脱贫，形成艰苦奋斗、苦干实干的精神状态。同时，构建政府、市场、社会协同推进的大扶贫格局，健全社会力量参与机制，鼓励全社会关心、支持扶贫工作。

第五，提高人民健康水平。没有全民健康，就没有全面小康。2020年，习近平总书记在教育、文化、卫生、体育领域专家代表座谈会上指出，人民健康是社会文明进步的基础，是民族昌盛和国家富强的重要标志，也是广大人民群众的共同追求。这说明党中央对人民健康重要性的认识已经达到了新高度。提高人民健康福祉，不仅是实现人民对美好生活期盼的重要支撑，也是维护国家安全和稳定的重要条件。因此，要把维护人民健康权益放在重要位置，推进健康中国建设，加快卫生和健康领域的立法保障，将健康融入政策。要坚持公立医院公益性的基本定位，进一步深化医疗保障、医疗服务、公共卫生、药品供应、监管体制综合改革，正确处理好政府和市场之间的关系，同时鼓励社会力量增加医疗服务供给，优化服务结构。

第六，完善中国特色社会治理体系。党的十九大报告高度重视社会治理问题，从全面统筹“五位一体”总体布局和协调推进“四个全面”战略布局的高度，提出打造共建共治共享的社会治理格局。党的十九届四中全会再次强调，必须加强和创新社会治理，完善党委领导、政府负责、民主协商、社会协同、公众参与、法治保障、科技支撑的社会治理体系，建设人人有责、人人尽责、人人享有的社会治理共同体。这是加强和创新社会治理的重要内容，也是推进国家治理体系和治理能力现代化的关键环节。“共建共治共享”的关键在于突出人民的主体性，提升人民的参与感、获得感和幸福感。它要求国家的社会治理要与时俱进，即上层建筑相对于社会经济基础的变化要有新适应；执政理念相对于社会转型进步要有新调整；管理实践相对于社会主要矛盾变化要有新回应。具体而言，“共建”是指共同参与社会建设，党委、政府、社会组织和人民共同发挥作用。同时，强调共同参与社会法治建设。“共治”是指共同参与社会治理，完善多元治理，即党的领导、政府负责、社会协同、公众参与、法治保障，进一步鼓励和扶持社会组织的发展，推行基层自治。“共享”是指共同享有治理的成果，需要政府有思路，保障低收入群体、弱势群体的基本生活。同时，在民主和法治的基础上建立和完善社会保障体系。

三、我国新时代社会建设的价值意义

中国共产党坚持以人民为中心的发展思想，顺应人民群众对美好生活的向往，把增进人民福祉、促进人的全面发展作为一切工作的出发点和落脚点，从人民群众最关心最直接最现实的利益问题入手，指出了提高保障和改善民生水平，加强和创新社会治理等一系列新时代社会建设的工作重心，对夺取全面建成小康社会的伟大胜利，实现“两个一百年”奋斗目标、实现中华民族伟大复兴的中国梦，具有十分重要的价值意义。

1. 推进新时代社会建设是我国经济社会发展的必然要求

改革开放以来，我国的经济建设取得了举世瞩目的成就，城乡居民在衣食住行等各个方面的水平都有了很大的提高，综合国力大幅提升，人民群众得到实惠，中国成为世界上发展最快的国家之一。2016 年我国的 GDP 达 74.6 万亿元，总量世界第二，人均 8 100 多美元，达到了中等偏上收入国家水平，我国已到了改革与发展的关键时期。国际经验表明，这个关键的发展时期，既是经济增长的关键时期，也是社会问题的多发期。一定要处理好经济发展与社会发展的关系，处理好城乡发展、发达与欠发达地区发展的关系，处理好改革发展与社会稳定的关系，处理好国内发展与对外开放的关系，努力实现经济社会的可持续发展。

经济结构和社会结构是一个国家或地区的两个最基本的结构，两者相互支撑，互为基础，必须协调。目前我国的经济结构正处于发生深刻变化的重要阶段，产业结构的快速转型必将导致社会利益格局的剧烈变化，我们将不断地面临新的挑战。在经济体制改革、经济持续快速增长的推动下，中国的经济结构已经达到工业化社会中期阶段的水平，基本实现现代化，但社会结构还是工业社会初期阶段的水平，离工业化国家应有的“橄榄型”社会结构形态差距还很大。因而，在这个时期，社会矛盾较为严重，经济容易失调，社会容易失序，社会伦理需要完善。这是一个机遇与风险并存的新时代。

我们应该清醒地看到，20 世纪 90 年代中期以来，我国的社会事业发展整体相对滞后，城乡区域发展差距和居民收入分配差距明显加大，社会矛盾明显增多，利益失衡导致心理失衡诱发社会情绪波动的群体性事件时有发生，群众在就业、教育、医疗、住房、养老等方面还面临不少突出的难题，部分群众生活比较困难，一些领域存在道德失范、诚信缺失的现象。这些现象不仅会影响到我国经济的平稳健康发展，还会给社会发展造成严重的阻碍。

因此，加强社会建设，是为了促进经济社会的协调发展，真正做到在经济发展的基础上促进社会全面进步，不断提高人民的生活水平，保证人民共享发展成果。

2. 推进新时代社会建设是维护社会稳定的必然要求

全面建成小康社会和现代化国家，需要有一个安定有序的社会环境。在社会发展进程中，稳定是前提。妥善处理人民内部矛盾、维护社会稳定，事关国家的安全统一，事关人民的团结幸福，事关社会的和谐进步。因此，维护社会稳定始终是社会建设和社会治理的基础性工作和关键环节。

我国目前总的形势是稳定的，但也存在着一些不稳定的因素。要保持社会安定团结，需要做好两方面的工作。一方面，要努力促进经济与社会的全面发展，为人民群众创造安居乐业的环境，在推动经济发展的同时，加强社会事业建设，努力构建程序规范、科学公正的利益诉求和协调机制，特别是建立社会舆情汇集和分析机制，畅通社情民意反映渠道，引导群众以理性合法的形式表达利益诉求。另一方面，要正确处理好人民内部矛盾。对于新时代的人民内部矛盾，要认真研究，妥善解决。深入研究群体性事件的特点和规律，完善机制、改进方法，做深入细致的群众工作，积极预防群体性事件的发生。

总之，只有加强社会建设，才能充分维护安全、稳定、有序的社会环境，才能有效应对自然灾害、公共卫生和重大安全事故等方面的问题，保障人民的生命财产安全，保持良好的社会秩序，使人民安居乐业，进一步推动社会的文明进步。

3. 推进新时代社会建设是保持社会活力的必然要求

社会主义社会应当是一个充满创造活力的社会，一切积极因素都能够最广泛最充分地调动起来，不断地推动社会发展，人们在充满活力的社会环境中安居乐业。要保持和发扬这种活力，就必须进一步深化各项改革，从制度上保障竞争机会的平等，坚决破除束缚人民创造活力的各种体制机制障碍，激发全社会的创造活力。这样有利于凝聚社会共识，激发不同利益主体的积极性和创造性，使其在开放竞争的环境中各尽其能、各展其长、各得其所，形成推动社会发展的合力，为社会的健康稳定发展提供动力。

目前，传统的城乡二元社会结构，在很大程度上造成了机会的不平等，特别是竞争起点的不平等，虽然农村户籍制改革正在进行，但要完全改变在教育、就业等方面的不平等还需在制度上进一步完善。另外，要鼓励和支持社会各阶层群体为经济社会发展积极贡献力量，既要保护发达地区、优势产业和先富群体的发展活力，又要高度重视和关心欠发达地区、比较困难的行业和群众的发展问题。只有这样，才能充分调动一切有利于人民、有利于国家、有利于社会的积极力量，使社会各个领域焕发出勃勃生机，推动经济发展和社会进步，最终实现共同富裕。要积极营造“尊重人才、尊重知识、尊重劳动、尊重创造”的社会氛围，使一切有利于社会进步的行动得到充分的尊重，创造活力得到支持，创造才能得到发挥，创造成果得到肯定，形成一种朝气蓬勃、昂然向上的社会发展环境。

4. 推进新时代社会建设是维护和发展最广大人民根本利益的必然要求

习近平总书记曾指出：“我们的人民热爱生活，期盼有更好的教育、更稳定的工作、更满意的收入、更可靠的社会保障、更高水平的医疗卫生服务、更舒适的居住条件、更优美的环境，期盼孩子们能成长得更好、工作得更好、生活得更好。人民对美好生活的向往，就是我们的奋斗的目标。”只有始终把人民群众的利益放在首位，才能永远立于不败之地。党要巩固执政地位、完成历史使命，就必须把最广大人民的根本利益作为一切工作的出发点和立足点，顺应人民群众新时代对美好生活的向往，不断为之付出努力。在保障和改善民生过程中，要格外关注困难群众，时刻把他们的安危冷暖放在心上，关心他们的疾苦，千方百计帮助他们排忧解难，进一步实现社会公平正义，通过制度安排更好地保障人民群众各方面权益，使改革开放成果更多更公平惠及全体人民，朝着实现共同富裕的目标稳步迈进。

Social Development of Contemporary China

第二章

打造共建共治共享的社会治理格局

2 打造共建共治共享的社会治理格局

加强和创新社会治理，是完善和发展中国特色社会主义制度、推进国家治理体系和治理能力现代化的重要内容。党的十八大以来，党中央高度重视社会治理问题，从统筹推进“五位一体”总体布局和协调推进“四个全面”战略布局的高度，对社会治理问题进行了阐述，明确提出要打造共建共治共享的社会治理格局，并有一系列新认识和新构想，为新时代加强和创新社会治理提供了依据。

一、社会主要矛盾变化对党和政府的新要求

党的十九大报告指出：“中国特色社会主义进入新时代，我国社会主要矛盾已经转化为人民日益增长的美好生活需要和不平衡不充分的发展之间的矛盾。”这是党对当前我国社会主要矛盾所作的一个实事求是的新论断，正确认识和把握这个重大变化，对于深刻理解我国发展新的历史方位，加强和改善社会治理具有重要的意义。

1. 经济发展与社会主要矛盾的转化

经过40多年的开放改革，我国社会生产力水平显著提高，人民生活质量显著提升。伴随经济与社会发展，我国社会由原来物质消费需求和物质生产供给不足之间的矛盾，逐步转变为今天人民日益增长的美好生活需要和不平衡不充分的发展之间的矛盾。到2019年底，我国GDP达到98.7万亿元、人均GDP已经超过1万美元，社会养老保险已经覆盖9亿多人，基本医疗保险已经覆盖13.5亿人，农村贫困人口大部分实现脱贫目标，各项民生事业加快发展，生态环境逐步改善，人民群众有了更多获得感、幸福感、安全感，总体上已基本建成全面小康社会。目前，随着我国人民生活水平显著提高，对美好生活的向往更加强烈，对美好生活的需要日益广泛，不仅对物质文化生活提出了更高要求，而且在民主、法治、公平、正义、安全、环境等方面的要求也日益增长。但是，突出的问题是发展不平衡不充分。这已经成为满足人民日益增长

的美好生活需要的主要制约因素，深刻反映了我国社会生产和社会需求发生的新变化。所以，我国社会主要矛盾的转化是由我国现阶段的客观实际决定的，标志着中国特色社会主义发展进入了新时代。

改革开放 40 多年来，正是因为党根据主要矛盾制定和坚持了正确的路线方针，才使我国社会主义现代化建设取得了历史性成就。历史充分说明，党和国家事业要顺利发展，就必须随着社会历史条件的变化，准确认识和把握社会主要矛盾，并在这个基础上制定正确的政治路线和战略策略。科学分析和清醒把握我国社会主要矛盾是党制定正确路线方针政策的重要前提，所以，我们要正确把握我国社会主要矛盾的变化，坚持从我国社会实际状况出发，在诸多社会矛盾中和矛盾全局中敏锐地抓住主要矛盾，并自觉围绕主要矛盾部署党和国家全局工作，这也是党自觉运用马克思主义矛盾学说分析解决中国革命、建设和改革具体问题的一条成功经验。

党的十九大报告指出："我国社会主要矛盾的变化，没有改变我们对我国社会主义所处历史阶段的判断，我国仍处于并将长期处于社会主义初级阶段的基本国情没有变，我国是世界最大发展中国家的国际地位没有变。"我们必须清醒地认识到，我国正处于并将长期处于社会主义初级阶段，这是社会主义的不发达阶段，并且是一个很长的历史进程，这是在原本经济文化落后的中国建设社会主义现代化不可逾越的历史阶段，需要上百年的时间。社会主要矛盾发生变化，对我国发展全局必将产生广泛而深刻的影响，我们一定要全面把握，从我国的基本国情出发，走中国特色社会主义道路，建设社会主义现代化强国。

党的十九大报告关于我国社会主要矛盾发生变化的深刻论述，是习近平新时代中国特色社会主义思想的重要内容。这一重大理论创新是对共产党执政规律、社会主义建设规律、人类社会发展规律认识的进一步深化，是对科学社会主义的重大贡献，对新时代中国特色社会主义事业发展、最终实现中华民族伟大复兴的中国梦，必将起到现实的和长远的指导作用。

2. 以造福人民为最大政绩

习近平总书记在2018年新年贺词中指出："各级党委、政府和干部要把老百姓的安危冷暖时刻放在心上，以造福人民为最大政绩，想群众之所想，急群众之所急，让人民生活更加幸福美满。"① 这强调了党"以人民为中心"的发展思路。"人民对美好生活的向往，就是我们的奋斗目标。"这是坚如磐石的信念。党的十八大以来，党中央坚持以民为本、以人为本的执政理念，把民生工作和社会治理工作作为社会建设的两大根本任务，高度重视、大力推进，改革发展成果正更多更公平惠及全体人民。带领人民创造美好生活，是党始终不渝的奋斗目标。"以造福人民为最大政绩"，要求我们具有民胞物与之心，把老百姓的安危冷暖时刻挂在心上，苦着人民的苦，乐着人民的乐，让人民生活更加幸福美满，让人生出彩的舞台更宽广、实现梦想的道路更通畅。因此，我们要实现经济发展和民生改善良性循环，抓住人民最关心最直接最现实的利益问题，坚决打赢脱贫攻坚战，维护社会和谐稳定，打造共建共治共享的社会治理格局，坚持总体国家安全观，真正让老百姓过上好日子。

"以造福人民为最大政绩"，是我国社会主要矛盾变化对党和政府工作提出的新要求，也是我国社会治理的思想创新与实践创新，不仅有效助力如期实现全面建成小康社会的奋斗目标，而且开拓了中国特色社会主义社会治理的新境界。

3. 坚持在发展中保障和改善民生

党的十九大报告指出："我国社会主要矛盾的变化是关系全局的历史性变化，对党和国家工作提出了许多新要求。我们要在继续推动发展的基础上，着力解决好发展不平衡不充分问题，大力提升发展质量和效益，更好满足人民在经济、政治、文化、社会、生态等方面日益增长的需要，更好推动人的全面发展、社会全面进步。"增进民生福祉

① 国家主席习近平发表二〇一八年新年贺词. 人民日报，2018-01-01 (1).

是发展的根本目的。面对我国社会主要矛盾变化，解决发展不平衡不充分的问题，既要坚持发展，做大蛋糕，也要解决好发展的均衡性，分好蛋糕。“让改革发展成果更多更公平惠及全体人民”的要求，就是强调通过建立健全各项制度，完善社会政策，保障和改善民生，努力分好蛋糕。

党和政府要不断铸牢保障和改善民生工程，继续推进社会治理基础性制度改革创新，构建国家安全体制，健全公共安全体系，加快社会诚信制度建设，加强城乡社区治理，促进社会组织健康发展，创新社会治理方式，加大环境保护与治理力度，全面加强党对社会治理的领导。坚持在发展中保障和改善民生，必须坚持的方式方法是既尽力而为，又量力而行；基本方针是坚持人人有责、人人尽责、人人享有，坚守底线、突出重点、完善制度、引导预期；重点任务是完善公共服务体系，保障群众基本生活；工作目标是不断满足人民日益增长的美好生活需要，不断促进社会公平正义，形成有效的社会治理、良好的社会秩序。

总之，习近平总书记提出的一系列加强和创新社会治理的新观点、新论断，是近年来中国社会治理领域最为重要的创新性进展与创新性成果，是一个层次分明、有机统一的系统理论，具有丰富的内涵和严谨的逻辑，不仅是对党过去成功经验的坚持和继承，而且是对当今社会实践的凝练和升华，也是对未来发展的引领和创新，更是推动社会领域改革发展、推进社会治理现代化的强大思想武器和行动指南。

二、社会治理新格局之共建共治共享

党的十九大报告提出，要“打造共建共治共享的社会治理格局”。这是对我国社会治理实践的认识拓展和理念升华，必须深刻认识其提出的时代背景，准确把握其科学精神和丰富内涵，深入贯彻落实中央相关工作部署，加速打造共建共治共享的社会治理格局。

1. 共建共治共享社会治理格局的内涵

“共建共治共享”主体定位和人民参与的突出强调，意味着上层建筑相对于社会经济基础的新适应，意味着执政理念相对于社会转型进步的新调整，意味着党和政府相对于社会主要矛盾变化的新回应。按照“罗斯托模型”，一个国家在经由“准备起飞阶段”和“起飞阶段”进入“成熟阶段”以后，社会公众的权益诉求会产生很大变化。这个阶段对应的收入水平，参考世界银行 2012 年标准，应该在年度人均 GDP 4 085 美元以上。在跨入“成熟阶段”门槛之前，社会处于物质匮乏阶段，其间人们更多关注的是温饱问题的解决，物质产品的供不应求是主要矛盾。经过 40 多年改革开放走到今天，我国总体实现小康，2019 年底人均 GDP 超过 1 万美元，已经高于中上收入国家水平。在这个转型升级的新时代，我国社会主要矛盾已经转化为人民日益增长的美好生活需要和不平衡不充分的发展之间的矛盾。在期待更高物质文化生活的同时，人民还对在民主、法治、公平、正义、安全、环境等方面的要求日益增长。这个变化的重要结果，要求执政党调整执政理念，政府要进行管理模式转型。最根本的是在“改进社会管理”和“改进社会服务”的同时，更重视“改进社会参与”。党的十九大提出的“打造共建共治共享的社会治理格局”，即是对新时代我国社会矛盾变化的积极回应和正确回答。

第一，共建即共同参与社会建设。首先，就发展社会事业而言，在教育、医疗、卫生、就业、社保以及社会服务等相关领域，应本着政府主导和政社合作原则，通过大社会的政策安排，为市场主体和各种社会力量创造发挥作用的更多机会。其次，就完善社会福利而言，人民的获得感、幸福感和安全感，必须得到制度保护。因此，在民主权利制度、公共财政制度、收入分配制度、社会保障制度的构建工程中，党在扮演领导角色的同时，也必须为社会各界和广大人民的民主有序参与制度建设落实机制。再次，就激发社会参与而言，要充分认识社会组织在新时代的社会意义。它们是国家治理现代化中的重要角色，是市场经济进一步发展的增长点，是社会管理和公共服务的合作者，是社会和谐与秩序稳定的影响者，是社会公益慈善文化的引领者。我们应促进社会组织健康发展，激发社会力量参与社会建设的能力和活力。

第二，共治即共同参与社会治理。参与权是每一个公民的应有权利。物质匮乏的社会阶段，人们参与公共事务的冲动尚不强烈。但是面对今天新的社会主要矛盾，马斯洛的“需求层次理论”开始凸显，人民对于民主、法治、公平、正义和个人价值实现的愿望日益强烈。因此，党和政府要为公民参与治理创造条件。首先是推进社会治理社会化。在进入新时代后，党要更加善于发挥社会主体积极性，推动形成政府治理和社会调节、居民自治良性互动局面，有效引导企事业单位、社会组织、人民群众共治共管共服务，在党委领导、政府负责基础上，培养社会自治、自主、能动力量，引导公民增强主人翁精神，完善多元治理格局。其次是发挥社会力量的作用，推动政府和社会组织明确权责、依法自治，完善政府购买服务机制，支持社会组织在供给侧结构性改革和社会事业的各类社会服务中有更多担当。再次是重视基层自治功能。基层自治是社会主义民主的重要形式，是基层群众实现自己的事情自己管、自己办的重要方式。要建设好基层群众自治制度，就必须落实好基层民主，实行民主选举、民主决策、民主管理、民主监督。这有利于保障公民的共治参与权利，有利于社会和谐稳定。

第三，共享即共同享有治理成果。改革开放以来，我国经济发展突飞猛进，然而发展成果却没有很好地惠及每个家庭每个人，城乡之间、地域之间、群体之间存在较大差距，这种不平衡不充分的发展不是人民需要的健康发展。习近平强调：“我们追求的发展是造福人民的发展，我们追求的富裕是全体人民共同富裕。改革发展搞得成功不成功，最终的判断标准是人民是不是共同享受到了改革发展成果。”因此，共享治理成果，其一是要靠执政党保障民生的决心，正如习近平所说，“只要还有一家一户乃至一个人没有解决基本生活问题，我们就不能安之若素；只要群众对幸福生活的憧憬还没有变成现实，我们就要毫不懈怠团结带领群众一起奋斗”；其二是政府要有改善民生的思路，按照“坚守底线、突出重点”的方针，保障低收入群体和弱势群体的基本生活；其三是国家要有共享的制度保障，良好和可执行的制度是决心和思路的依靠，必须通过民主和法治基础上的制度，健全社会保障体系，为全体人民提供稳定的安全预期，在幼有所育、学有所教、劳有所得、病有所医、老有所养、住有所居、弱有所扶上不断取得进展。

打造共建共治共享的社会治理格局，与满足人民日益增长的美好生活需要紧密相关。“共建共治共享”中的三个“共”字，进一步强调了在我国社会治理实践中，要与新时代特点相适应，与人民群众的更高要求相呼应。深刻认识社会参与和民主、法治、公平、正义之间的内在逻辑，破除实践中妨碍人民群众有效参与社会治理的理念和制度障碍，着力克服社会治理发展中存在的不平衡不充分的问题，用制度保障人民群众在社会治理中的“参与”机会和权利，朝着构建和完善新时代共建共治共享的社会治理新格局迈进。

2. 共建共治共享社会治理格局的部署

打造共建共治共享的社会治理格局是一个系统工程，必须综合施治，形成合力。党的十九大报告在深入分析研究当前和今后一个时期我国社会治理面临的形势后，进行了打造共建共治共享社会治理新格局的一系列重大工作部署，我们必须认真贯彻落实。

第一，加强预防和化解社会矛盾机制建设。党的十九大报告强调：“加强预防和化解社会矛盾机制建设，正确处理人民内部矛盾。”正确处理人民内部矛盾特别是涉及广大人民群众切身利益的矛盾，是保持社会安定团结良好局面的关键。现阶段，我国处于社会矛盾凸显期，社会矛盾错综复杂，最主要的就是社会利益矛盾错综复杂。要增强发展的全面性、协调性、可持续性，积极推动解决人民群众的基本民生问题，从源头上预防和减少社会矛盾的产生。要科学区分和处理两类不同性质的矛盾，最大限度增加和谐因素、最大限度减少不和谐因素。要引导和教育群众正确认识和对待改革发展过程中利益关系和利益格局的调整，自觉维护社会和谐稳定。

第二，牢固树立安全发展理念。党的十九大报告强调：“树立安全发展理念，弘扬生命至上、安全第一的思想，健全公共安全体系，完善安全生产责任制，坚决遏制重特大安全事故，提升防灾减灾救灾能力。”在我们这样一个有着14亿多人口、地域辽阔、发展不均衡的国家，能保持社会和谐稳定大局是很不容易的事情。同时，随着经济全球化的深入推进和社会信息化的快速发展，当今世界已进入风险社会，我国国内风险因素也日益突出。各级党委和政府、各级领导干部要牢固树立安全发展理念，牢记公共安全是最基本的民生的道理，弘扬生命至上、安全第一的思想，增强风险意识，落实安全生产责任和管理制度，遏制重特大安全事故，加强防灾减灾救灾能力建设，加快编织全方位、立体化的公共安全网，切实把人民群众生命安全放在首要位置。

第三，加快社会治安防控体系建设。党的十九大报告强调：“加快社会治安防控体系建设，依法打击和惩治黄赌毒黑拐骗等违法犯罪活动，保护人民人身权、财产权、人格权。”社会治安防控体系是社会治安综合治理的主要依托。习近平总书记强调，“要完善社会治安综合治理体制机制，加快建设立体化、信息化社会治安防控体系。”面对社会治安新形势，要以突出治安问题为导向，以信息化为支撑加快建设社会治安立体防控体系，完善社会矛盾纠纷排查预警和调处化解综合机制，建设基础综合服务管理平台，切实保障广大人民群众的生命财产安全，不断提升人民群众的安全感和满意度。

第四，加强社会心理服务体系建设。党的十九大报告强调：“加强社会心理服务体系建设，培育自尊自信、理性平和、积极向上的社会心态。”心理健康既是公共卫生问题，也是重大社会问题。当前，我国正处于经济社会快速转型期，人们的生活节奏明显加快，竞争压力不断加剧，个体心理行为问题及其引发的社会问题日益凸显，加强心理健康服务、健全社会心理服务体系迫在眉睫。要认真贯彻落实中央决策部署，自觉履行促进群众心理健康责任，加强制度机制建设，大力发展各类心理健康服务，加强重点人群心理健康服务，建立健全心理健康服务体系，推进心理健康人才队伍建设，夯实组织领导和工作保障基础，助推健康中国战略深入实施。

第五，加强社区治理体系建设。党的十九大报告强调："加强社区治理体系建设，推动社会治理重心向基层下移，发挥社会组织作用，实现政府治理和社会调节、居民自治良性互动。"基层是社会的单元细胞，基层最接地气、最能反映群众日常生活，基层的社会治理实践也最能及时得到群众检验。社会治理的重点在基层，难点也在基层。习近平总书记反复强调，"基础不牢，地动山摇""基层是一切工作的落脚点，社会治理的重心必须落实到城乡、社区"。推动社会治理重心向基层下移，必须加强城市常态化管理、农村社会治理和流动人口服务与管理。必须把社会管理服务的触角延伸到社会末梢，真正做到人往基层走、物往基层用、钱往基层花、劲往基层使。必须加强社区治理体系建设，坚持基层自治，完善基层民主决策、民主治理机制，构筑起全社会共同治理公共安全的网络联系和信任关系。

总之，习近平总书记关于"打造共建共治共享的社会治理格局"的重要论断和党的十九大相关工作部署，从根本上体现了以人民为中心的主体定位，其内涵是对全体人民意志的遵从，对全体人民参与权的肯定，对全体人民利益的敬畏，为在新时代加强和创新社会治理指明了方向，是党深化对社会治理规律认识和社会主义社会建设规律认识的重大理论创新成果，具有极强的现实针对性和实践指导性，我们必须准确把握并始终不渝地贯彻执行。

三、完善多主体参与的社会治理格局

社会治理主体是实施治理行为的能动力量，不同社会主体之间的相互关系及其地位角色构成了社会治理的基本格局。多元社会主体合作共治，是社会治理走向现代化的重要标志。必须深刻认识新形势下完善多主体参与的社会治理体制的必要性，加快完善多主体参与的社会治理体制的主要途径，推动形成共建共治共享的社会治理格局。

1. 完善多元社会治理体系的必要性

改革开放 40 多年来，我国经济取得了巨大成就，社会结构也发生了重大变化。同时，制度转型问题、资源污染与资源约束的矛盾、既得利益主体结构调整等问题突出，社会治理表现出问题复杂性、需求多样性、价值多维性和形式多样性等诸多特征。实践表明，无论是政府、社会还是市场，都无法单方面地解决层出不穷的社会问题，建立在法治基础上的多主体共同治理成为全面深化改革的必然选择。

党的十八大以来，在以习近平同志为核心的党中央的坚强领导下，各地区各部门认真贯彻落实中央关于社会治理的决策部署，大力推进多主体参与的社会治理体制改革，努力从根源上预防和减少影响社会和谐稳定问题的发生，社会治理体制不断完善。但也要清醒认识到，近些年来，伴随着我国新型工业化、信息化、城镇化、农业现代化的快速发展，经济结构、利益格局、思想观念、社会结构也随之发生了深刻变动，当前我国的社会治理中尚存在一些重政府包揽、轻多方参与的现象，无法完全适应经济社会的快速发展变化。因此，加快改变社会治理工作中党和政府唱“独角戏”的状况，以更加积极的姿态培育多元合作的治理主体，激发包括政府在内的公共机构、企业、社会组织、基层组织、群众等多主体共同参与社会治理的积极性，进一步推动政府从全能型、管制型向服务型转变，已经成为新时代我国社会治理的重大课题之一。

2. 完善多元社会治理体系的路径

党的十九届四中全会指出：“必须加强和创新社会治理，完善党委领导、政府负责、民主协商、社会协同、公众参与、法治保障、科技支撑的社会治理体系，建设人人有责、人人尽责、人人享有的社会治理共同体，确保人民安居乐业、社会安定有序，建设更高水平的平安中国。”这一要求，体现了党领导下多方参与、共同治理的理念，是社会治理理念、治理体制和治理方式的一次重大创新，是推进国家治理体系和治理能力现代化的必然要求。

多元社会主体合作共治是社会治理走向现代化的重要标志。随着改革开放和社会主义市场经济的发展，我国社会阶层分化、社会关系多样、社会利益多元，单靠某一种社会力量，难以处理好我国快速现代化进程中面临的诸多社会问题，难以治理好我国处在急剧变革中的巨型社会，难以应对好各种风险和挑战。过去由于政府包揽过多，社会处于从属、被动位置，群众遇到事情大多会推给政府，使政府不堪重负，成为我国社会治理中的一个最大难题。进入新时代，社会治理已不再是党委和政府的“独角戏”，而是在党的领导下，政府、社会组织、公民以及各方良性互动，为促进社会协调运转的共同治理。只有激发社会活力，坚持党领导下的多方参与、共同治理，发挥政府、市场、社会等多元主体在社会治理中的协同协作、互动互补、相辅相成作用，才能形成推动社会和谐发展、保障社会安定有序的社会治理合力。

党的十九届四中全会使党的十六大以来的社会治理体制得到了进一步的完善。在原来的基础上，党的十九届四中全会提出了“党委领导、政府负责、民主协商、社会协同、公众参与、法治保障、科技支撑”的“七元”社会治理体系。在我国当代社会治理体系中，坚持党委领导是根本，完善政府负责是前提，开展民主协商是渠道，实行社会协同是依托，动员公众参与是基础，搞好法治保障是条件，提供科技支撑是手段，七位一体，有机联系，不可分割。

党委发挥的是领导核心和政治保障作用，这个作用是政府、社会、公众等其他治理主体所无法替代的。党对社会治理工作的领导，既体现在各级党委对社会治理的宏观决策和微观推动，也体现在党的基层组织在基层治理中发挥引领带动作用以及调节平衡作用。

政府负责，是国家履行社会管理职能的题中应有之义。政府应更加注重发挥在社会管理和公共事务中的职能作用，负责具体的组织管理，包括建立健全社会建设和管理的政策法规，建立健全社会保障制度，建立健全公共突发事件的应急机制，推进社会事业管理体制机制改革创新，等等。

民主协商，就是有事好商量，众人的事情由众人商量。要坚持和完善政党协商、人大协商、政府协商、政协协商、人民团体协商、基层协商以及社会组织协商，完善协商于决策之前和决策实施之中的落实机制，丰富有事好商量、遇事多商量、做事先商量、众人的事情由众人商量的制度化实践，找到人民群众意愿和要求的最大公约数。

社会协同，是整合社会治理资源的重要依托和平台载体，就是要充分发挥群团组织、各类社会组织的作用，鼓励和支持其参与社会治理、公共服务，加强政府与各类社会组织的分工、协作以及不同社会组织的相互配合。

公众参与，就是引领和推动每一位公民、每一个家庭通过社会组织和社区组织的平台，充分参与到社会治理中来，有效实现人民当家作主，保障人民依法实行自我管理、自我服务、自我教育、自我监督，确保社会治理过程人民参与、治理成效人民评判、治理成果人民共享。

法治保障，就是要把社会治理纳入法治化轨道，加强社会治理相关法律法规和有关政策制度的制定完善工作，善于运用法治思维和法治方式化解矛盾、破解难题、促进和谐，充分发挥法治对社会治理的引领、规范和保障作用。

科技支撑，就是要充分运用现代科技和信息化手段，统筹推进大数据、云计算和物联网等各种信息数据的集成运用，为提升社会治理整体效能、不断提高现代治理水平提供有力支撑。

努力建设人人有责、人人尽责、人人享有的社会治理共同体，善不善于发挥社会治理主体的积极性，形成政府治理和社会调节、居民自治良性互动局面，是衡量党委和政府社会治理能力现代化水平高低的重要标志。把《中共中央关于坚持和完善中国特色社会主义制度　推进国家治理体系和治理能力现代化若干重大问题的决定》的要求真正落到实处，就要进一步完善和优化社会治理体系，既充分发挥党委领导作用和政府主导作用，又鼓励和支持社会各方面积极参与，增强各类社会组织、企事业单位、市场主体和公民个人参与社会治理的责任，充分发挥各自应有的功能和作用，使多元社会主体在这个社会治理共同体中既良性互动，又各尽其能、各展其长，从而最大程度激发社会创造活力，形成社会治理整体合力，形成人人有责、人人尽责、人人享有的社会治理共同体。

四、推动社会治理社会化、法治化、智能化和专业化

党的十九大报告强调："加强社会治理制度建设，完善党委领导、政府负责、社会协同、公众参与、法治保障、科技支撑的社会治理体系，提高社会治理社会化、法治化、智能化、专业化水平。"打造共建共治共享的社会治理格局必须把握社会运行规律和治理规律，充分认识推动社会治理的社会化、法治化、智能化、专业化，既是新形势下提升社会治理现代化水平的客观要求，又是推进社会治理创新的基本途径。要善于运用先进的理念、科学的精神、专业的方法、精细的标准，坚持社会治理社会化参与、法治化引领、智能化支撑、专业化发展，切实增强社会治理整体性、协同性、预见性、精准性和高效性，切实提高预测预警预防各类风险能力，更好地引领和规范社会生活，加快打造共建共治共享的社会治理格局。

1. 社会治理要坚持社会化参与

打造共建共治共享的社会治理格局，要完善党委领导、政府负责、社会协同、公众参与、法治保障、科技支撑的社会治理体系。这表明，新时代社会治理的社会化趋势愈加明显，社会化参与社会治理已经成为全党全社会完善社会治理的重要共识。当前和今后一个时期，坚持社会参与，主要是注重引导人民群众增强主人翁意识，激发社会自治、自主的能动力量，有效整合社会各方面资源，动员社会力量参与社会治理体系和治理能力现代化建设，把社会服务、社会管理、社会自治、社会文明、社会和谐工作做好，真正实现群众的事情由群众来办。具体来说，一是要转变政府职能，通过明确政府责任清单、转移职能清单，引导社会力量发

挥相关作用。二是创新服务方式、健全服务体系，通过引入社会力量、发展社会企业，发挥市场机制在社会治理中的作用。三是通过推进社会组织登记制度改革，创新社会组织治理，加快落实政社分开、管办分离，进一步激发社会活力。四是建立健全社会协同参与、共建共享机制，进一步发挥社会组织积极作用，推动企业积极履行社会责任，促进驻地单位协同治理，扩大公众有序参与。五是进一步发挥基层组织综合协调职能，理顺基层组织机构与政府职能部门关系，真正实现服务管理重心下沉。六是深化社区居民自治，健全社区服务体系，完善社区治理体系，切实推动城乡社区协调发展。通过这些实实在在的社会治理社会化成效，让人民群众的获得感、幸福感、安全感更加充实、更有保障、更可持续，同时促进社会治理、社会化参与向全面纵深发展。

2. 社会治理要坚持法治化引领

没有法治就没有善治。社会治理具有主体多元化特征，国家权力、地方力量、社会组织、广大民众等在其中相互交叉、彼此影响、错综复杂。而法治具有权威性、普适性、稳定性，不仅是社会治理的合法性来源，也是增强社会治理的权威性和公信力的根本保障，是规范和调整社会治理多元主体复杂互动关系的最有效手段之一。在全面深化改革、全面推进依法治国的大背景下，推进社会治理创新，必须运用法治方式，借助法治力量。一个时期以来，个别地区群众上访问题之所以相对突出，主要原因是他们对通过法律途径维权既担心“不会用”，也担心“不管用”，因而“不想用”。新时代，应将法治作为社会治理创新的最佳路径，直面群众隐忧，坚持用法治思维构建责任界定明晰、管理过程公开、社会行为预期明确的社会治理体系，用法治方式将社会治理问题转化为司法执法问题。具体来说，一是运用法治落实社会治理责任。党要发挥中国特色社会主义事业的领导核心作用，必须以推进全面依法治国为契机，依据党章从严治党、依据宪法治国理政，把全面从严治党和依法行政体现到推进社会治理创新中。二是运用法治促进维权维稳。保障公民权利与维护社会稳定是社会治理的重点和难点，必须妥善处理二者关系。习近平总书记指出，维权是维稳的基础，维稳的实质是维权。必须深刻领会习近平总书记的这一论断，切实转变维权维稳方式，多管齐下，综合施治，努力实现由控制型政府向服务型政府转变。三是增强公众法律信仰，树立司法权威。公平是社会主义核心价值观之一，司法是社会公平正义的最后一道防线，司法权威来自司法机关公正司法。司法部门只有做到以人为本、合理用法，公众也才会树立法律信仰，培育法制意识，才能真正树立司法权威，进而消除“信访不信法”等不良现象。

3. 社会治理要坚持智能化支撑

互联网、物联网、云计算等新一代信息智能化科技正深刻改变着当今世界的面貌，智能化科技不仅成为打击防范犯罪的有效手段，也嬗变为破解社会治理难题和推动社会治理升级的革命性力量。习近平总书记在多次重要讲话中都强调要利用好互联网和网络信息技术，提升社会治理的智能化水平。因此，社会治理必须跟上科技步伐，加速实现治理手段智能化，提升服务能力。就目前来看，我们的社会治理智能化水平尚不尽如人意，如信息孤岛大量存在、信息接收终端结构不科学、基础数据电子化程度不达标，多媒体介质融合程度不深、快速反应能力不足、服务智能化水平不能完全满足人民群众的实际所需等。必须牢固树立社会治理智能化支撑理念，统筹实施网络强国战略、大数据战略、“互联网+”行动，整合集中资源力量，加快推进智能化科技自主创新，提高智能管理服务水平，增强网络空间安全防御能力，用数字信息技术推进社会治理，为推进社会治理体系和治理能力现代化提供强大的数字动能。具体来说，一是通过智能化实现社会治理大数据挖潜。要打破条块分割状况，坚持以超前的理念，通过云计算、物联网、人工智能等高新技术手段确立服务社会治理的切入点，充分应用大数据资源，促进信息化与社会治理的深度融合，优化社会治理过程。二是通过智能化实现社会治理精细化。各类社会治理主体可以通过获取、管理、分析、存储等手段，将海量数据信息整合为社会治理基础要素，使社会治理各类主体利用这些数据精细研判、精细施治、精细服务、精细反馈，有针对性地提出相关策略和政策，提升其决策的前瞻性、科学性和针对性。三是通过智能化让多元社会治理主体通过各类客户端高效深度参与社会治理，广泛推广和应用诸如“智慧法院”“智慧公安”“智慧社区”“智慧乡村”等智能化社会治理模式，不断提高社会治理标准化和现代化管理水平，促使社会治理全面提质换挡升级。

4. 社会治理要坚持专业化发展

新时代我国社会的主要矛盾，已不再是人民日益增长的物质文化需要同落后的社会生产之间的矛盾，而是人民日益增长的美好生活需要和不平衡不充分的发展之间的矛盾。社会主要矛盾变化在社会治理领域的一个突出反映，是人民群众的权利意识日益增强，社会治理需求多层次、多方面、个性化的特征更加明显。这就迫切要求社会治理加快专业化发展步伐，以专业理念引导群众参与、以专业技能响应公众诉求、以专业服务增进人民福祉。具体来说，一是以标准化建设助推专业化。要认真梳理社会治理领域标准现状和需求，大力推进相关标准制度修订工作，全面构建层次分明、功能完备、配套合理、科学有效的社会服务体系。二是个性化建设助推专业化。要紧紧围绕劳动就业、救助福利、环境保护、公共法律服务、公共安全、社区治安、纠纷调解等基本公共服务和社会管理领域的热点难点问题，提供个性化、精细化的社会治理专业服务，满足人民群众多层次多样化专业服务的需求。三是以队伍建设助推专业化。要加强干部队伍建设，拓宽渠道来源、改善队伍结构，严格管理监督，加强培养锻炼，促进履职尽责，强化激励保障、激发人才活力，培养造就一支数量充足、结构合理、作风扎实、高效精干的社会治理专业工作队伍。

只有顺应社会发展大势，进一步转变社会治理工作理念，创新工作方法，加强统筹协调，加大支持力度，全面提高社会治理社会化、法治化、智能化、专业化水平，才能开创社会治理工作新局面，助力打造共建共治共享的社会治理格局。

第三章

把教育事业放在优先位置

3 把教育事业放在优先位置

百年大计，教育为本。习近平总书记在致清华大学苏世民学者项目启动仪式的贺信中指出："教育决定着人类的今天，也决定着人类的未来。人类社会需要通过教育不断培养社会需要的人才，需要通过教育来传授已知、更新旧知、开掘新知、探索未知，从而使人们能够更好认识世界和改造世界、更好创造人类的美好未来。"① 党的十九届四中全会提出："推动城乡义务教育一体化发展，健全学前教育、特殊教育和普及高中阶段教育保障机制，完善职业技术教育、高等教育、继续教育统筹协调发展机制。支持和规范民办教育、合作办学。"这为中国特色社会主义进入新时代，将教育放在优先位置，不断推动教育改革发展指明了方向。

一、推动城乡义务教育一体化公平发展

党的十八大以来，在党和政府的高度重视下，我国教育事业获得了迅速发展，城乡义务教育在中西部，尤其是农村地区明显加强，教育一体化公平发展快速推进。

我国公共财政将优先保障发展教育摆在优先地位，自 2012 年国家财政性教育经费占 GDP 的比例实现 4%以来，连续多年保持超过 4%。2012—2016 年，全国财政性教育经费累计投入 13.5 万亿元，超过 1952—2011 年累计投入的总和。尽管 2019 年财力紧张，国家财政性教育经费占 GDP 的比例依然保持在 4%以上，中央财政教育支出安排超过 1 万亿元。公共财政对教育投入的增长，为全面发展教育事业奠定了基础。根据《2019 年全国教育事业发展统计公报》，2019 年中国小学学龄儿童净入学率 99.94%，初中阶段毛入学率 102.6%，高中阶段毛入学率 89.5%，九年义务教育巩固率 94.8%。同国际数据比较的话，我国教育的普及程度已经超过中高收入国家的平均水平。

① 习近平．致清华大学苏世民学者项目启动仪式的贺信．人民日报，2013-04-22.

同时，我国大力推动义务教育在区域间、城乡间的一体化均衡发展。针对中西部教育发展中存在的问题，2016 年 4 月，国务院常务会议专门进行部署，提出加快中西部教育发展，把提升最贫困地区教育供给能力和最困难人群受教育水平作为重点任务，补齐“短板”，夯实发展基础、促进社会公平。2016 年 6 月，国务院办公厅发布《关于加快中西部教育发展的指导意见》，确定中西部教育发展的目标，明确了实现县域内义务教育均衡发展、大力发展职业教育、加快普及高中阶段教育、提升中西部高等教育发展水平、积极发展农村学前教育、推动民族教育加快发展、保障残疾人受教育权利等七项主要任务。为确保此意见的落实，2017 年 12 月，国务院教育督导委员会办公室印发《加快中西部教育发展工作督导评估监测办法》，提出通过建立工作协调机制和推进机制、开展评估监测和专项督导，不断健全机制、完善措施，推进加快中西部教育发展工作目标的如期实现。

在城乡教育方面，我国的城乡二元结构矛盾依然突出，乡村优质教育资源紧缺，教育质量亟待提高，城市居民与农村居民在获得教育资源、教育机会和教育质量上依然不平等；随着经济发展、社会转型，城镇教育资源配置不适应新型城镇化发展，“大班额”问题严重，“乡村弱”“城镇挤”已成为当前义务教育特有的现象。针对这些城乡教育发展不均衡问题，2016 年 7 月，国务院印发《关于统筹推进县域内城乡义务教育一体化改革发展的若干意见》，提出到 2020 年，城乡义务教育二元结构壁垒基本消除，义务教育与城镇化发展基本协调，县域义务教育均衡发展和城乡基本公共教育服务均等化基本实现等目标；同时确定推进城乡义务教育一体化的任务包括：同步建设城镇学校、努力办好乡村教育、科学推进学校标准化建设、实施消除“大班额”计划、统筹城乡师资配置、改革乡村教师待遇保障机制、改革教育治理体系、改革控辍保学机制、改革随迁子女就学机制、加强留守儿童关爱保护等。

根据《中国农村教育发展报告 2019》，2017 年国家实施第三期学前教育行动计划，学前教育规模稳步扩大，财政投入持续增加，长期制约农村学前教育改革发展的瓶颈得到突破。2017 年，我国学前教育三年毛入园率达到 79.60%，农村幼儿园数量占 69.03%，农村在园幼儿数占 62.90%，农村幼儿教育依然是大头。2017 年教育部门所办普惠性幼儿园中，镇区占 31.25%，乡村占 54.57%，在乡村普惠性幼儿园占比较高，尤其是年度新增普惠性幼儿园九成投放在农村。同时，学前教育经费大幅增长，超半数财政性教育经费投向农村地区；农村幼儿教师规模不断扩大，学历层次继续提高。

2017 年，我国义务教育阶段在校生 1.45 亿人，其中镇区为 6 087.56 万人，乡村为 3 418.77 万人，农村在校生占全国在校生总数的 2/3。在义务教育阶段，农村地区学校数量依然占绝大多数。2017 年义务教育学校数为 321 901 所，城镇学校数量在缓慢增多，而乡村学校数量在持续减少。

报告显示，2017 年全国小学专科及以上学历教师比例为 95.26%，较 2016 年提高 1.61 个百分点，其中农村为 93.80%，城乡差距为 4.60 个百分点，比 2016 年缩小 2 个百分点。初中本科及以上学历教师比例为 84.63%，比 2016 年提高 2.15 个百分点，其中农村为 81.10%，城乡差距为 10.30 个百分点，比 2016 年缩小 2.50 个百分点。乡村教师配置质量明显提高，乡村教师队伍建设成效彰显，师资队伍向好发展，城乡差距进一步缩小。

自《乡村教师支持计划（2015—2020 年）》实施以来，乡村教师收入明显增加。2016 年全国集中连片特困地区乡村教师生活补助共投入补助资金 44.3 亿元，比上年增加 28.8%。2017 年乡村教师生活补助首次实现了集中连片特困地区县的全覆盖，其中乡村学校和教师覆盖率分别为 97.37%和 96.41%。2017 年中央投入的乡村教师生活补助人均月补助标准为 322 元，比上年增加 13.38%，人均月补助标准超过 400 元的占 27.27%。乡镇教师、乡村教师的月收入尽管和城市教师存在一定差距，但是已经高于县城教师的工资①。

当前，农村教育依然面临县域教育发展不够均衡，质量仍亟待提高

---

① 杨东平. 中国教育发展报告 2019. 北京：社会科学文献出版社，2019.

等问题。即便是通过城乡义务教育发展基本均衡县督导评估认定的，也仅是基本均衡，离“高位均衡”尚有一定距离。更需注意的是，随着城镇化进程的加快，户籍制度、计划生育政策调整，人口及学生从农村向城市流动，给城乡义务教育学校规划布局和城镇学位供给带来挑战，不少地方义务教育“城镇挤”“乡村弱”的矛盾日益突出，历史形成的“初中弱”瓶颈凸显。同时，义务教育的机会和条件在得到基本保障后，人民群众的需求从“有学上”向“上好学”转变，这种需求也与教育资源配置的不平衡不充分之间存在矛盾。面对这种现状，必须统筹推进城乡义务教育一体化公平发展，提升义务教育服务的供给能力与共享水平，促进教育事业协调健康发展、优质均衡发展，办人民满意的义务教育。

首先是强化对农村义务教育的重视。党的十九大报告指出，“必须多谋民生之利、多解民生之忧，在发展中补齐民生短板、促进社会公平正义”。而保基本、补短板、促公平的重中之重就是推动城乡义务教育一体化发展，高度重视农村义务教育。通过提高农村义务教育的水平，推动城乡义务教育一体化发展是促进城镇基本公共服务与农村共享的关键环节，也是彰显教育权利和机会公平的关键步骤。要从县域做起，在城乡义务教育基本均衡的基础上，向优质均衡迈进，从“有学办”向“办好学”发展，满足人民群众“上好学”的需求。

其次是转变城乡教育一体化、农村教育的理念。城乡义务教育一体化发展是在城乡一体化进程中，协调城市教育和农村教育发展，突破城乡二元分割分治的制度束缚，统筹规划城乡教育发展、统筹设计城乡教育政策、统筹配置城乡教育资源，改变优质教育要素资源向城市倾斜的格局，缩小城乡教育差距，实现城乡教育高质量、有效率的可持续发展。这就需要转变将城市教育视为现代优质教育、农村教育视为落后劣质教育的理念，把握城乡教育的特征，将两者视为两种不同特征的教育，充分认识其各自特点，挖掘农村教育的优势，推动农村教育持续发展。

再次是强化农村教育投入及管理能力。城乡义务教育的一体化发展需要强有力的经费保障，尤其是农村地区的义务教育量大、面广，加之地域发展不平衡、历史欠账多，教育投入不足的问题依然存在。要把握人口发展趋势，在统筹县域内城乡义务教育学校布局和建设规划的基础上，加大转移支付和综合奖补，合理使用教育经费，确保对农村教育的财政投入保障。要从城乡教师队伍建设着手，提升城乡学校的建设管理水平，提高城乡学校的标准化建设，以及教师配备、学校管理等的标准，强化教育信息化建设应用，完善学校人员的编制管理及教师待遇保障，提高教育管理能力，提升师德水平和业务能力。

最后是确保不因贫困而影响教育。习近平总书记在中央扶贫开发工作会议上指出："治贫先治愚，扶贫先扶智。教育是阻断贫困代际传递的治本之策。"在我国一些贫困地区，面对在教育方面的困难、一些贫困家庭孩子辍学失学问题以及有所蔓延的"读书无用论"，必须解决好贫困地区、贫困家庭孩子的教育问题。国家教育经费要向贫困地区倾斜，向基础教育、职业教育倾斜，向贫困基层倾斜。要帮助贫困地区改善办学条件，加大对乡村教师队伍建设的支持力度。要从建档立卡的贫困家庭学生开始实施普通高中教育免学杂费，落实中等职业教育免学杂费，推动城市优质学校对贫困地区学校的结对帮扶。要对贫困地区、贫困家庭的学生给予特殊关爱，确保其不因贫困而丧失教育机会。

二、构建功能齐全的教育体系

教育体系是相互联系、衔接的不同层次和类别的教育机构的有序组合，既包括学校教育，也包括非学校教育。学校教育以各类各级学校为主体实施，有普通教育与职业教育两大类，涵盖学前、初等、中等、高等教育各层次，以及成人教育和继续教育各阶段。非学校教育则由学校以外的机构主导，包括企业行业培训、社区教育以及公共文化机构如图书馆、博物馆、科技馆教育等。教育均衡发展要求教育体系的结构均衡、功能齐全。从我国现行教育体系来看，学前教育、职业教育是两大薄弱环节，需要推动发展和加强。

学前教育是教育体系的重要组成部分，同时也是社会公共服务体系及社会公益事业的重要组成部分。21 世纪以来，随着对学前教育认识的深化提高，学前教育越来越受到重视，学前教育领域在改革中不断发展。2010 年 7 月发布的《国家中长期教育改革和发展规划纲要（2010—2020 年）》（简称《教育规划纲要》）提出基本普及学前教育、明确政府职责、重点发展农村学前教育等任务，强调支持贫困地区发展学前教育、对家庭经济困难幼儿入园给予补助等政策。2010 年 11 月，《国务院关于当前发展学前教育的若干意见》（简称《若干意见》）印发，针对学前教育资源短缺、师资队伍不健全、体制机制不完善、城乡区域发展不平衡等问题，全方位进行学前教育改革发展的制度设计，出台扩大学前教育资源、加强幼儿教师队伍建设、加大学前教育投入、加强幼儿园准入管理、强化幼儿园安全监管、规范幼儿园收费管理等十条措施。2011—2016 年，以县为单位连续实施了两期学前教育三年行动计划，尤其是实施了农村学前教育推进工程和中央财政支持学前教育发展的一揽子重大项目，侧重支持中西部农村地区和城市学前教育薄弱环节等，使得我国学前教育取得了前所未有的历史性发展。

学前教育的重要性及其受重视程度大大提高。《若干意见》强调“发展学前教育，必须坚持公益性和普惠性，努力构建覆盖城乡、布局合理的学前教育公共服务体系”，并将学前教育置于国家发展战略和国计民生的高度予以重视，指出“办好学前教育，关系亿万儿童的健康成长，关系千家万户的切身利益，关系国家和民族的未来”，从而全面提升了学前教育战略价值及其长远发展意义。在此基础上，学前教育资源得以拓展，使得“入园难”初步缓解。除了新建、改扩建一批公办幼儿园之外，还利用中小学富余资源改建幼儿园，一些优质公办园通过开办分园或合作办园来扩展资源。积极扶持民办园，尤其是面向大众、收费较低的普惠性民办园的发展，并采取购买服务、减免租金、以奖代补、派驻公办教师等方式，引导支持民办幼儿园提供普惠性服务，后又出台对普惠性民办园给予适当补贴的政策。对农村学前教育资源加大投入，通过独立建园、设分园、联合办园等方式，大力提高农村学前教育的普及程度。根据近年来教育部发布的有关数据，2017 年，全国学前教育三年毛入园率达到 79.6%，比 2012 年提高 15 个百分点，提前完成了《教育规划纲要》提出的 2020 年达到 70%的目标任务。

学前教育的财政投入体制初现，教育经费大幅增加。《若干意见》明确学前教育预算有科目，增量有倾斜，投入有比例，拨款有标准，资助有制度的财政投入体制。2014 年发布的《关于实施第二期学前教育三年行动计划的意见》提出，财政性投入要最大限度地向农村、边远和民族地区等倾斜。中央财政连续五年实施农村学前教育推进工程和 4 大类 7 个重大项目，重点改进支持中西部农村地区和城市学前教育薄弱环节。学前教育多渠道加大投入，增加了学前教育的总经费。2014—2016 年，中央财政投入 518 亿元，带动地方投入超过 2 000 亿元。2016 年全国财政性学前教育经费占比达到 4%左右，是 2010 年 1.6%的 2 倍多，我国学前教育财政性经费占教育财政性经费的比例长期徘徊在低位的局面连续几年被打破①。同时，幼儿教育师资队伍逐步壮大，教师队伍建设得到加强。《若干意见》强调依法落实幼儿教师地位和待遇，完善工资保障办法、职称评聘机制和社会保障政策。要求完善幼儿园园长和教师培训体系，实施“幼儿教师国家级培训”计划，并提出规范师资管理，健全幼儿园教师资格准入制度。“幼儿教师国家级培训”在全国范围内实施，教育部出台的有关幼儿园教师、园长专业标准等对幼教师资提出了明确要求。这使得幼儿园教职工规模快速增加，专业化水平不断提高，编制待遇问题有了初步解决。

近年来，我国学前教育事业发展呈现良好势头。但是，由于种种原因，学前教育仍是目前教育体系中的薄弱环节，面临许多困难与问题，特别是深层次的体制机制与政策问题并没有得到有效解决，与全面建成小康社会和人民群众期待还有很大差距，改革发展任务艰巨。这表现在

① 中国幼儿园最新数据发布. (2017-05-28). http://www.sohu.com/a/144336243_682000.

以下方面：一是学前教育资源依然短缺，“入园难”持续存在，尤其是城市公办园和普惠性民办园的比例偏低，农村地区学前教育资源更是严重不足，流动人口以及特困地区孩子的“入园难”等问题仍未根本解决。二是学前教育投入及经费保障机制滞后，“入园贵”依然突出。诸多省市只有笼统的成本分担原则，对各类公私立幼儿园的经费支持还缺乏经费标准及财政支持政策，家庭在学前教育方面的负担依然较为沉重。三是幼教编制待遇等瓶颈依然存在，缺口依然较大。幼教的工资、社会保障、职称、培训等待遇问题长期难以解决，致使其收入较低、保障程度低、流动性大，难以吸引优秀人才从事幼教事业。这些问题的存在与我国学前教育管理体制严重滞后有关。我国长期实行“地方负责、分级管理”的学前教育管理体制，各级政府对发展学前教育权责缺乏明确、科学的划分，政府间职责关系和权责配置规定不明确，统筹协调和财政保障能力严重不足。

为推动学前教育事业的持续发展，服务我国经济社会发展，满足百姓对学前教育的期盼，必须着力建立健全学前教育的政策制度以及体制机制，加强对学前教育的省级统筹，推动管理重心和财政保障重心适度上移，突破我国学前教育事业发展中的制约瓶颈。一是完善以公办园和普惠性民办园为主体的学前教育体系，解决“入园难”问题。加大公办园的扶持发展力度，以多种方式引导支持民办园提供普惠性服务，鼓励企事业单位、部门、集体开办幼儿园，鼓励参照公办园生均公用经费标准，对各类幼儿园给予财政补贴。二是建立健全学前教育投入及经费保障机制，解决“入园贵”问题。根据经济社会发展、办园条件标准和教育需要，制定并逐步提高财政投入标准；建立分区域、分层级的学前教育各级财政成本分担机制，中央和省级政府对财政不足的地区，应加大统筹和转移支付力度。三是完善幼教编制待遇政策，建设较高素质的幼教队伍。通过生均财政拨款、专项补助等方式，解决好各类园幼教的工资待遇问题，逐步实现同岗同酬。完善学前师资培养规划，扩大学前师范生招生规模，开展幼教免费培养及幼儿园的全员轮训制度。

职业教育也是教育体系的重要组成部分，在服务经济社会发展、促进社会就业、改善民生等方面发挥着重要作用。进入 21 世纪，特别是党的十八大以来，职业教育被提到了前所未有的高度，获得快速发展的契机。《教育规划纲要》提出，到 2020 年形成适应经济发展方式转变和产业结构调整要求、体现终身教育理念、中等和高等职业教育协调发展的现代职业教育体系，并明确了大力发展职业教育、调动行业企业的积极性、加快发展面向农村的职业教育、增强职业教育吸引力等任务。2014 年 6 月，国务院印发《关于加快发展现代职业教育的决定》，提出以培养技术技能人才为目标，到 2020 年形成具有“中国特色、世界水平”的现代职业教育体系。2014 年 10 月，教育部等发布《现代职业教育体系建设规划（2014—2020 年）》，构建起从中职到研究生的培养体系，打破技术技能人才成长的“天花板”，开辟了职业教育发展的新时代。2015 年教育部印发《高等职业教育创新发展行动计划（2015—2018 年）》，支持地方建设优质专科高等职业院校。

职业教育法律法规、政策标准体系的建立，推动着职业教育的发展。一是人们对职业教育的观念逐步转变，有利于职业教育发展的环境氛围初步形成。二是办学定位日益明确，人才培养质量逐步提高。通过深化产教融合、校企合作，调整优化专业设置，创新人才培养模式，健全教育质量保障体系等，引导职业院校聚焦教学改革，以增强学生就业创业能力为核心，全面提高人才培养质量。三是现代职业教育体系统筹规划逐步完善。通过推进技术技能人才系统培养、深化高等教育分类考试招生改革、发展继续教育、扩大国际交流合作等推进现代职业教育体系建设，使职业教育更好地适应经济社会发展需要。四是投入机制得到建立健全，职业教育经费保障水平提升。通过制定实施中高职院校的生均拨款标准、健全学生资助政策体系、实施现代职业教育质量提升计划等重大财政专项等方式，确保各级财政投入。同时引导社会资本的投入，建立与办学规模和培养要求相适应的财政投入制度。五是抓住关键环节建设“双师型”教师队伍。主要有完善教师等专业标准、推动校企共建教师队伍、加强教师培养培训、加强职业学校“双师型”教师队伍建设。

职业教育在取得明显进展的同时，仍然存在一些薄弱环节，其总体发展水平与经济社会发展需求还不适应，与人民群众期盼还存在较大差距。这包括人们对职业教育的认识还不到位、职业教育与经济社会需求存在脱节现象、职教筹资及经费保障机制欠完善、职教师资队伍整体素质不高、行业企业参与动力不足、部门间沟通协调机制不健全等。为此，必须从基础上推动职业教育的改革创新，破解职教发展的体制机制难题。一是推动《职业教育法》的修订，明确职业教育的法律地位、体系架构、基本制度、条件保障、统筹协调等关键问题。二是服务《中国制造 2025》，服务“大众创业、万众创新”“新型城镇化建设”等，推动职业教育与各种国家战略融合发展。三是继续出台配套政策，推进职业教育校企合作，深化产教融合、校企合作，推动职教与行业、企业融合发展。四是建立健全职教院校的生均拨款制度，吸引多元化的社会资金投入，健全职教的多渠道筹资机制；推动教师编制核定及师资配备，吸引优秀人才从教，完善职校用人机制；推进现代学徒制试点，创新职业教育人才培养模式。五是强化职教管理有关部门的工作联动，加强协调配合及政策衔接，及时解决改革中遇到的新问题，在法治轨道上推动现代职业教育发展。

三、支持和规范社会力量兴办教育

我国社会力量办教办学自 20 世纪 80 年代兴起，90 年代初步形成独立的办学体系，2000 年后进入法治化发展轨道。我国的《教育法》《职业教育法》《社会力量办学条例》等法律法规都明确政府给予社会力量办学以扶持政策。2002 年 12 月公布的《民办教育促进法》成为指导我国民办教育发展的纲领性文件。《教育规划纲要》提出，深化办学体制改革，大力支持民办教育，依法管理民办教育。党的十八大明确提出，鼓励引导社会力量兴办教育。党的十八届三中全会进一步强调，健全政府补贴、政府购买服务、助学贷款、基金奖励、捐资激励等制度，鼓励社会力量兴办教育。2016 年 11 月，新修订的《民办教育促进法》通过，明确营利性和非营利性民办学校的标准政策，界定两类学校的产权和边界，除对义务教育阶段有所限制外，放开营利性民办学校的准入及价格规制。2016 年 12 月，国务院印发《关于鼓励社会力量兴办教育促进民办教育健康发展的若干意见》，对民办教育改革发展作出全面部署，并要求地方政府出台符合地方实际的实施意见和配套措施。

在国家支持政策的推动下，社会力量兴办教育不断发展壮大，形成了从学前教育到高等教育、从学历教育到非学历教育，层次类型多样、充满生机活力的发展局面。根据《2019 年全国教育事业发展统计公报》，2019 年，我国共有各级各类民办学校 19.15 万所，占全国比重 36.13%；招生 1 774.33 万人，各类教育在校生达 5 616.61 万人，比上年增长 4.43%。其中：民办幼儿园 17.32 万所，比上年增长 4.50%，占全国幼儿园总数的 61.6%；入园儿童 904.68 万人，在园幼儿 2 649.44 万人，占全国在园幼儿总数的 56.2%。民办普通小学 6 228 所，比上年增长 0.79%，占全国普通小学总数的 3.9%；招生 159.04 万人，在校生 944.91 万人，占全国在校生总数的 8.9%。民办普通初中 5 793 所，占全国普通初中总数的 11.1%；在校生 687.40 万人，占全国在校生总数的 14.2%。民办普通高中 3 427 所，占全国普通高中总数的 14.1%；在校生 359.68 万人，占全国在校生总数的 9.0%。民办中等职业学校 1 985 所，占全国中等职业学校总数的 19.7%；在校生 224.37 万人，占全国在校生总数的 14.2%。民办高校 757 所（含独立学院 257 所、成人高校 1 所），占全国高校总数的 28.1%；在校生 708.83 万人，占全国在校生总数的 17.7%。

在社会力量办教育过程中，一些知名企业和企业家进入该领域，例如新东方俞敏洪接手北京工业大学的独立学院耿丹学院，腾讯主要创始人陈一丹收购中南财经政法大学的独立学院——武汉学院，将其设为民办本科高校，等等。这不仅带来雄厚的资金投入，而且提高了办学的水平和影响力。

社会兴办教育的发展扩大了教育规模，增加了教育供给，一定程度缓解了“上学难”的问题。同时，它引导民间资金投资于教育，弥补了国家教育经费的不足，拓展了教育投入渠道及教育资源，拉动了内需，扩大了就业。社会兴办教育还在经费筹措、办学形式、管理机制、教育国际合作交流等方面进行探索，开拓了教育改革创新的路径，促进了公办学校的改革发展。但是，社会兴办教育还存在一些不可忽视的问题，包括社会力量办教育的分类管理不清，教师队伍整体素质不高、教学质量参差不齐，部分社会力量办学条件差、办学不规范，忽视对学生的思想政治教育，等等。

为推动社会力量兴办教育的持续发展，必须进一步理顺政社关系，健全相关管理制度，解决社会力量办教育中存在的各种问题。一是支持规范社会力量兴办教育的分类发展。加快制定民办学校分类管理规范，在法人登记、产权、资产财务管理、会计核算审计等制度方面完善管理服务，鼓励社会力量提供多样化教育服务；理顺政府与学校的关系，研究制定非营利性、营利性民办学校差别化扶持政策，在政府补贴、助学贷款、土地划拨等方面加大对非营利性民办学校支持力度。二是加强对社会力量兴办教育的监管力度。制定完善民办学校的管理制度，健全管理体制机制。对民办学校的办学质量进行定期考核，对成绩突出的给予表彰扶持；对办学质量低、存在安全隐患的督促其整改，对整改不力的采取相应措施。三是做好社会力量兴办教育的帮扶工作。政府职能部门要认真落实对社会力量兴办教育的优惠政策，加大对民办教育扶持力度，注重保障民办学校教师的合法权益，保障其在资格评审、评优评先、进修培训等方面享受与公办校教职工的同等待遇；帮助民办学校改善办学条件，提高教学质量，提高办学的规范程度。四是加强民办学校党建工作，强化学生思想政治教育。要建立健全民办学校的党组织设置，选好配强学校党组织负责人，发挥党组织在办学治校中的保障作用，加大思想政治教育的力度，强化对学生的政治引导和思想教育。

四、深化教育改革，加快教育现代化

进入 21 世纪以来，我国逐步明确教育在全面建成小康社会、实现中华民族伟大复兴过程中的重要支撑作用，从战略和全局高度描绘了教育现代化的宏伟蓝图，明确了加快推进教育现代化的历史重任。

党的十八大以来，全面深化教育领域综合改革，一批标志性、引领性的改革举措取得明显成效，教育公共服务水平和教育治理能力不断提升，取得历史性成就。我国教育总体进入世界较高发展水平，为经济社会发展提供了强有力的支撑。这表现在以下方面：一是教育经费保持较高水平，近年来，国家财政性教育经费占 GDP 的比例维持在 4%以上，为全面发展教育事业奠定了基础。我国学前教育、高等教育入学率快速提升。同时，教育公平进一步推进。义务教育在区域间、城乡间的一体化均衡发展推动力度不断加大。例如加强中西部教育，强化贫困地区义务教育薄弱学校建设，强化县域义务教育的均衡化，改善家庭经济困难学生资助体系，推动农村义务教育学生营养改善计划每年惠及更多贫困地区学生，完善农村儿童关爱服务体系。二是推动关键领域改革，带动教育改革进展。基于终身学习的最终目标，全面推进依法治教，推动《教育法》《高等教育法》《民办教育促进法》等法律法规的修订，深化教育“放管服”改革，累计取消 15 项教育行政审批。依法加强各级督导体系建设，以学校章程为统领建立健全学校内部治理结构，构建新型的政府、学校、社会关系。将考试招生制度改革作为全面深化改革的关键，深入推动各省（区、市）落实区域范围内深化改革。推进教育对外开放，吸引外国留学生来华就读，拓展中外合作办学项目、孔子学院建设，不断巩固不同国家（地区）及国际组织间的教育合作交流关系，实施“一带一路”教育行动，提高教育的国际影响及竞争力。三是加强教师队伍建设，提高教育质量水平。教师队伍是各级教育的重要支撑，以教师队伍建设为核心，健全大中小学师德体系，制定乡村教师队伍建设专门政策，建立乡村教师荣誉制度。在中小学设置正高级职称等改革，强化了各级教师从教的积极性，推动了教育质量的提高。着眼于培育学生创新实践能力，推动基础教育人才培养模式改革。推动高校创新创业教育改革，推进普通本科高校向应用型高校转型，促进现代职业教育支撑我国工业制造，培育高素质应用型人才。

2017 年 9 月印发的《关于深化教育体制机制改革的意见》指出，当前我国教育改革发展已进入一个新的阶段，必须深化教育体制机制改革，为实现“两个一百年”奋斗目标、实现中华民族伟大复兴的中国梦奠定坚实基础。

一是围绕立德树人根本任务，贯彻党的教育方针，全面发展素质教育。党的十九大报告提出了立德树人的根本任务，要求发展素质教育，培育德智体美全面发展的社会主义建设者和接班人。这为我国教育发展指明了方向。立德树人，要求深入开展理想信念教育，引导学生拥护党的领导，增强中国特色社会主义道路自信、理论自信、制度自信、文化自信；要求开展以爱国主义为核心的民族精神和以改革创新为核心的时代精神教育、道德教育、社会责任教育、法治教育，加强中华优秀传统文化和革命文化、社会主义先进文化教育。立德树人，要求在提升学生基础知识水平和培养学生基本技能的过程中，强化学生关键能力培养，培养认知能力、合作能力、创新能力、职业能力，使得学生培养可以支撑终身发展、适应时代要求，促进教育与生产劳动、社会实践紧密结合。

二是坚持以人民为中心的定位，推进教育公平，补齐民生短板。党的十九大报告指出，“必须多谋民生之利、多解民生之忧，在发展中补齐民生短板、促进社会公平正义”。国家财政投入要继续向困难地区和困难群体倾斜，推动困难家庭学生资助全覆盖，要从百姓关心的最直接、最现实的利益出发，让每个孩子公平享有有质量的教育，满足人民过上美好生活的需要。当前，针对教育领域存在的问题，要从县域做起，高度重视农村义务教育，强力推动城乡义务教育的一体化发展，这是缩小城乡教育差距，彰显教育权利和机会公平的标本兼治之策。要扩大普惠性学前教育资源，扩大学前教育供给，推动普及学前教育；要办好特殊教育，为家庭经济困难残疾学生提供免费高中阶段教育，保障残疾人基本教育权利；要普及高中阶段教育，巩固提高中等职业教育发展水平，促进普通高中多元化发展，提高新增劳动力平均受教育年限。

三是以新发展理念为指引，统筹推进各级各类教育事业发展，深化教育领域改革创新。党的十九大报告强调，必须坚定不移贯彻创新、协调、绿色、开放、共享的发展理念，坚持全面深化改革。当前，必须以新发展理念为统领，深化改革，推进教育现代化。要加大对贫困地区的支持力度，创新学前教育普惠健康发展的体制机制，鼓励多种形式办园，有效推进解决“入园难”“入园贵”问题。要完善义务教育均衡优质发展的体制机制，改进教学方式和学习方式，建立以学生发展为本的新型教学关系，加快义务教育学校标准化建设，着力解决义务教育城乡发展不协调问题。要坚持以就业为导向，健全德技并修、工学结合的育人机制，完善提高职业教育质量的体制，改进产教融合、校企合作的办学模式，促进职业教育与经济社会需求对接。要创新人才培养机制，深入推进协同育人，培养适应社会需要的创新型、复合型、应用型人才，健全促进高等教育内涵发展的体制机制，完善中国特色现代大学制度。

四是要健全教育投入机制，创新教师管理和教育管理。要完善教育的财政投入机制，健全各级各类教育经费投入机制，合理划分教育领域财政事权和支出责任，落实各级政府教育支出责任，健全各级教育预算拨款投入制度。要完善学生资助体系，完善奖学金、助学金及国家助学贷款政策，进一步完善各级各类教育全覆盖、奖助贷勤补免多元化的学生资助制度体系，确保贫困学生的受教育权利。要提高教师待遇，创新教师管理，改进各级各类教师管理机制，实施师德师风建设工程，建立教师国家荣誉制度，把教师职业理想、职业道德教育融入培养、培训和管理全过程，健全加强师德建设长效机制。要健全教育管理的体制机制，完善学校办学条件标准，建立健全教育评价制度，完善教育督导体制，完善教育立法和实施机制，提升教育法治化水平。

Social Development of Contemporary China

第四章

提高就业质量和人民收入水平

4

提高就业质量和人民收入水平

就业与收入，是维持生计、改善生活、实现再发展的基本途径，直接影响着人民群众的获得感、幸福感、安全感。党的十九大报告提出："党的一切工作必须以最广大人民根本利益为最高标准。我们要坚持把人民群众的小事当作自己的大事，从人民群众关心的事情做起，从让人民群众满意的事情做起，带领人民不断创造美好生活！"作为全球第一人口大国和第一劳动力大国，解决好就业问题，事关全体人民福祉，事关国家长治久安。不断提高人民收入水平，是"共享"理念的内在要求，也是经济社会发展公正性的直接体现。党的十九大把提高就业质量和人民收入水平摆在十分突出的地位，从目标、战略和措施多个层面，做出了科学的部署和工作安排。

一、坚持就业优先战略和积极就业政策

党的十九大报告提出："就业是最大的民生。要坚持就业优先战略和积极就业政策，实现更高质量和更充分就业。大规模开展职业技能培训，注重解决结构性就业矛盾，鼓励创业带动就业。提供全方位公共就业服务，促进高校毕业生等青年群体、农民工多渠道就业创业。破除妨碍劳动力、人才社会性流动的体制机制弊端，使人人都有通过辛勤劳动实现自身发展的机会。完善政府、工会、企业共同参与的协商协调机制，构建和谐劳动关系。"

之所以说就业是最大的民生，是因为，就业工作，一头连着经济发展，是财富创造的源泉；一头连着民生福祉，是实现社会进步与社会公正的保障。

我国就业形势基本平稳，2013—2019 年城镇登记失业率控制在 4%左右，每年创造 1 300 多万个就业岗位并持续实现零就业家庭动态清零。与此同时，我国劳动年龄人口减少，农民工流出速度趋缓，经济结构调整导致就业压力减小，新增创业和共享经济增加了就业需求，总量性就业矛盾总体上趋于缓解。但是，就业总量问题仍然需要高度关注。根据

历年《中国统计年鉴》，近年来全国就业人员数量接近 7.8 亿。全国高校毕业生自 2009 年突破 600 万人，此后连年增加，2017 年更达到创纪录的 795 万人。农民工流出速度虽然下降，但农民工总数仍保持在 2.82 亿，每年仍然有数百万的农民工进城务工经商。作为全球第一人口大国和第一劳动力大国，确保不发生大规模失业，是防范民生领域风险的头等大事，任何时候都不能放松这根弦。

还需要高度警惕的是，在经济结构调整和社会转型的大背景下，摩擦性和结构性的就业矛盾会更加突出。其主要表现是，在“就业难”同时出现“招工难”，求职者无法按照自己意愿找到合适岗位，而用人单位也无法找到自己需要的具有某些技能素质的劳动者。最突出的表现就是，一方面，大学毕业生的就业难度不断加大，农民工对较高报酬的稳定就业需求旺盛；另一方面，一些地区和行业很难找到自己心仪的有特殊技能、创新能力强的中高级技工、工程师、技术员和创意员工。这种“供需”结构的错配，在市场经济条件下，具有一定的必然性，也与相关政策调整不到位、改革不彻底有关。比如，我国多数高校仍然走的是所谓“研究型”道路，对教师、学生还是从学分、课时、发表文章和出版著作等方面去衡量，许多课程脱离经济社会科技发展实际，对学生的创新创业能力、动手能力、实际解决问题能力培养不足。又如，对农民工的培训长期不足，部分培训内容由政府部门、培训机构主观设置，对市场实际需求调研不够、理解不透。

还要看到，随着全社会的日益富足和生活水平的提升，无论是大学生，还是农民工，抑或是其他就业群体，人们都由“就业”开始转向“择业”，从“找工作”开始转向“找好工作”，呈现出对体力劳动、机械重复型劳动、环境恶劣型劳动、低薪酬低福利型劳动的厌恶和疏远。随着劳动者自我保护意识的提高，他们对用人单位在用工管理、薪酬福利、社会保障、劳动条件等方面提出了更高的要求，但用人单位在这些方面的改善相对缓慢。另外，受经济新旧动能转换、结构调整等因素影响，劳动力市场的不稳定性增强。传统制造业、住宿餐饮业、建筑业等行业岗位持续大幅度流失。部分行业、产业去产能任务仍然艰巨，中小微企业生产经营仍然困难，新兴业态经营可持续性差，环保压力导致历史欠账多的企业集中关停，以东北、山西等为代表的国企主导型、资源型地区就业高位承压，这些都加剧了摩擦性和结构性的就业矛盾。

就业领域还有一些需要引起关注的动向。一是智能化、机器人的大量应用开始出现劳动者“挤出”效应；二是有相当部分劳动者的就业不稳定，收入偏低，劳动权益得不到保障；三是全国开始出现“人才大战”，部分地区、城市通过职位提供、购房补贴、落户补助、创业扶持等举措，“抢夺”高学历、高潜力人群。

就业问题的新特征是在经济发展进入新常态下出现的。面对这些新特征，既不能听之任之、无动于衷，也不能轻举妄动、过度反应。从公共政策的选择上看，无论是解决好我国就业的总量性问题，还是解决好摩擦性和结构性的就业矛盾问题，其核心是要按照党的十九大部署，坚持就业优先战略和积极就业政策，在提高就业质量、实现更充分就业上下更大的功夫。

一是进一步发展经济，扩大就业市场容量，提高市场内在匹配度。发展是党执政兴国第一要务，建设现代化经济体系是跨越我国发展关口的迫切要求和我国发展的战略目标。保持适度的经济速度和规模，既是实现更高质量发展的根本要求，也是解决好就业等民生问题的根本保障。提高就业质量，核心要义还是要贯彻新发展理念，推动经济持续健康稳定发展，在发展的基础上创造更多更好的就业岗位和机会。要始终把促进就业、提高就业质量作为经济社会发展的优先目标，提高宏观经济政策与扩大就业的协同度。同时，在发展过程中不断优化就业结构，不断提高劳动者权益保护水平。

二是进一步完善劳动力市场制度，提高劳动者保护水平，构建和谐劳动关系。党的十八届三中全会提出，要让市场在资源配置中起决定性作用和更好发挥政府作用。劳动力市场机制作为“一只看不见的手”，对构成市场机制的各个要素产生着直接或间接的影响和作用。在新的历史条件下，政府在推进以促进经济增长、创造就业岗位为主的就业公共政策的同时，要逐步转到更加着眼于提高劳动力市场匹配水平和就业质量，着力于提供全方位的公共就业服务上来，充分发挥好劳动力市场对人力资源合理配置、信息传递与反馈、引导人力资源再生产、人力资源激励等功能。一方面，政府要通过对不同群体、不同地区的就业质量检测和信息发布预测，为市场提供明确预期，并通过建立完善最低工资制度、不同群体工资水平指导制度、公平竞争就业制度、劳动者权益保护制度等，营造公平公正透明的劳动力市场环境，完善政府、工会、企业共同参与的协商协调机制，构建和谐劳动关系；另一方面，要通过打击市场垄断行为、市场歧视行为、不合理用工行为等，确保市场机制对劳动力资源发挥基础性的调节配置作用，充分发挥和利用市场信息传导功能，调节劳动力在不同部门、地区和企业之间的流动，防范市场的无序竞争。

三是大规模开展职业技能培训，普遍提升全社会人力资源水平，着力解决好结构性就业矛盾。劳动力“供方”与“需方”的结构性错配，只有通过职业技能培训和劳动者综合能力素质提升来调整。政府部门应当将职业技能培训纳入重点民生事项，通过企业订单式培训、学员指定性培训、职业认定性培训等多种方式，从职业培训经费保障、筛选培训机构、政府购买或补助项目、精准确定培训内容、强化实训实操、加强教学督导、培训后就业情况跟踪等环节，确保职业技能培训效果，提高培训针对性、实效性，提升劳动者综合素质和专业能力，在提升全社会人力资源水平的同时，解决好“招工难”“找工作难”并存的问题。

四是继续推进“大众创业、万众创新”，鼓励创业带动就业，提升全社会就业质量。及时总结前几年开展“双创”的经验和教训，适应供给侧结构性改革、建设创新型国家、实施乡村振兴战略等重大决策部署需要，进一步深化“放管服”改革，保护和引导全社会创业热情，发挥创业带动就业的倍增效应。通过加强创业孵化基地管理服务、开展电子商务村建设、优化众创空间布局、开展创业指导和竞赛、推进创业担保和补助、创新社保补贴和稳岗补贴等方式，不断构建完整的创业创新服务体系，引导民间资本积极投入“大众创业、万众创新”之中，稳定现有就业岗位。鼓励新业态良性发展，多形式拓宽就业渠道。

五是提供全方位就业公共服务，切实抓好重点群体就业工作，防范就业不充分引发的社会风险。通过公共就业服务平台建设、“智慧就业”综合服务、普惠和重点群体结合的职业技能培训公共服务、政府购买基本公共就业服务等举措，向全社会提供全方位的就业公共服务，适应劳动者多层次的就业需求。要将高校毕业生等青年群体、退役军人、农民工、其他困难就业人员作为就业工作的重中之重，深入研判并掌握其就业规律和特点，精确施策，强化就业创业帮扶，形成稳定长效机制。多渠道安置去产能和结构转型涉及的职工，加强对困难人群就业援助和兜底帮扶，推进建档立卡贫困劳动力的就业扶贫工作。

六是消除妨碍劳动力、人才社会性流动的体制机制弊端，使人人都有通过辛勤劳动实现自身发展的机会。要确保劳动者平等就业制度得到实施，持续推进统一规范灵活的人力资源市场建设，切实破除户籍、行业、区域和所有制性质形成的各种体制机制障碍，增进教育、健康等人力资本形成体系的公平性，畅通劳动者自由流动通道，使人人都有通过辛勤劳动实现自身发展的机会。让就业不仅成为劳动者的谋生手段和立身之本，也成为劳动者施展才华、实现个人价值的有效途径。

七是强化就业质量观念，顺应全社会对就业要求提升、追求更加美好生活的需要。在我们长期的就业管理服务工作中，比较多地强调就业正规程度、工作环境健康程度、基本劳动权益保障程度等。但是当劳动者权益得到基本满足、全社会对就业理解更加全面、社会生产力发展到较高水平后，他们更看重从业的成就感、职业的发展性、工作生活的平衡性、权益保障的公平性等要素，这是新时代劳动者对就业的新诉求，也是我国经济社会进步的重要表现，我们必须积极、正面回应，提高思想认识，切实做好各项工作，认真完成提高就业质量这一新命题。

二、形成合理有序的收入分配格局

带领人民创造美好生活，是我们党始终不渝的奋斗目标。共同富裕是社会主义的本质要求和根本原则。邓小平一再强调："一个公有制占主体，一个共同富裕，这是我们所必须坚持的社会主义的根本原则。"

改革开放40多年来，我们创造了巨大的发展奇迹，得到了人民群众的衷心拥护，其根本原因在于，改革开放的伟大变革，极大地增强了国力，极大地提高了人民生活水平。特别是党的十八大以来，以习近平同志为核心的党中央，以巨大的政治勇气和强烈的责任担当，提出了一系列新理念新思想新战略，出台了一系列重大方针政策，推出了一系列重大改革创新举措，解决了许多长期想解决而没有解决的难题，办成了许多过去想办而没有办成的大事，推动党和国家事业取得了历史性成就，国家经济实力、科技实力、国防实力、综合国力、国际影响力显著提升。在这个伟大的变革过程中，人民群众收入水平持续提升，一系列民生政策扎实落地，人民生活得到明显改善，人民群众在改革开放发展中的获得感显著增强。扣除价格因素后，2013—2020年，全国居民人均可支配收入年均增长7.2%，农村居民收入增长快于城镇居民。人均预期寿命由2010年的74.83岁提高到2019年的77.3岁。2019年出境旅游达到1.29亿人次。2012年底，我国现行标准下的贫困人口是9 899万人，到2019年底，贫困人口下降到了551万左右。我们已经建立起基本覆盖全体国民、世界最大的社会保障网。人民生活实现了"三步走"的跨越，即在实现从贫困到温饱的第一步后，将圆满画上从温饱到全面小康的第二个句号，迈出前往更加美好生活的第三步。与此同时，我国收入分配差距逐步缩小，基尼系数逐步下降，中等收入群体逐步扩大。

党的十九大提出，新时代我国社会的主要矛盾是人民日益增长的美好生活需要和不平衡不充分的发展之间的矛盾。必须清醒地看到，我国仍然并将长期处于社会主义初级阶段，跨越“中等收入陷阱”面临不少新的难题，经济社会领域重大风险隐患较多，巩固拓展扶贫攻坚成果任务艰巨，城乡、区域、行业和居民收入分配差距依然较大，继续扩大中等收入群体任重道远，人民群众在就业、教育、健康、居住、养老等方面还面临不少难题。改革开放让人们分享红利的同时，广大人民对于美好生活的向往更加强烈，诉求更加多元化、多方面、多层次。为此，必须准确把握和深入理解党的十九大关于收入分配改革的系列部署，多策并举，科学施策，有针对性地提高人民收入水平，实现发展成果更多更公平惠及全体人民。

一是要坚持按劳分配原则，完善按要素分配的体制机制，促进收入分配更合理、更有序。按劳分配为主体、多种分配方式并存，是我国社会主义基本经济制度的重要组成部分。党的十四大以来的历次党代会报告，都对分配制度进行了重要表述。党的十五大报告提出“允许和鼓励资本、技术等生产要素参与收益分配”，党的十六大报告提出“确立劳动、资本、技术和管理等生产要素按贡献参与分配的原则”，党的十七大报告提出“健全劳动、资本、技术、管理等生产要素按贡献参与分配的制度”，党的十八大报告提出“完善劳动、资本、技术、管理等要素按贡献参与分配的初次分配机制”，党的十九大报告则进一步提出“坚持按劳分配原则，完善按要素分配的体制机制，促进收入分配更合理、更有序”。

一般情况下，市场经济国家的政府不干预由市场形成的初次分配环节。但是，这不代表政府在建设统一劳动力市场、平衡各生产要素分配所得、调节居民收入差距过大方面无所作为。在这个问题上，仍然需要强调发挥好市场在资源配置中起决定性作用和更好发挥政府作用“两个作用”。在市场经济条件下，普通劳动者与资本、技术、管理等要素相比处于劣势，为此，在遵循市场机制调节、企业自主分配、平等协商确定、政府监督指导原则的同时，政府应当健全工资确定和正常增长机制，完善最低工资制度，完善工资支付和薪酬福利保障机制等，确保劳动者获得合法、合理、及时的报酬。要积极稳妥推进工资集体协商和行业性、区域性工资集体协商，因地制宜提高最低工资标准和社会保障水平，完善艰苦边远地区津贴机制。当前，资本、知识、技术、管理等已经初步形成由市场评价贡献、按贡献决定报酬的机制。其中，资本和管理参与分配的机制已经相当完善。近些年，我国又出台一系列知识、技术参与分配的政策，形成了鲜明的鼓励创新导向。下一步要继续在保护知识产权、科技成果入股、岗位分红与期权激励、高技能人才特殊津贴、推进项目合伙制、实行绩效风险工资等具体环节，不断细化操作程序，切实保证各项制度落实到位。

二是鼓励勤劳守法致富，扩大中等收入群体，增加低收入者收入，调节过高收入，取缔非法收入。鼓励和支持什么样的取财之“道”，体现的是一个国家、一个时代的经济发展导向和社会价值。党的十九大强调了“鼓励勤劳守法致富”这一原则，有着非常明确的“按劳分配”“同工同酬”“保护合法收入”等方面的价值取向。我国92%左右的家庭收入来源于劳动所得（工资）。为此，改善劳动力市场、充分发挥好劳动力市场作用，不断提高普通劳动者的就业质量，是扩大中等收入群体最主要的措施，也是提高中低收入群体收入最有效、最直接的办法。

虽然对于中等收入群体的界定，仍然存在一定的争议。但一般以相对收入水平界定，即社会平均收入中位数的75%～200%范围内，或者以绝对收入水平界定，即人均每天收入在10～100美元之间。中等收入群体的数量及水平，反映的是社会财富分配的均等化程度，体现着一个国家、一个地区的社会公平度。从国际经验来看，中等收入群体在一个国家、一个地区占比越高，社会就越稳定，经济发展的后劲也越强。为此，建设低收入和高收入人数少、中间收入人数多的“橄榄型”社会，是国际公认的经济社会建设规律。

党的十八大以来，我国积极推进以“提低、扩中、调高”为主线的收入分配制度改革，其政策着力点和目标就是，扩大中等收入群体，增加低收入者收入，调节过高收入，取缔非法收入，形成稳定的“橄榄型”社会结构。近年来，“提低”效果尤其显著。通过精准扶贫和低收入群体社会救助，城乡贫困群众的生活状况有了极大改善。促进稳定就业政策的实施、最低工资标准的不断提高、农民工权益保障的落实等，促进一部分农民工逐渐跃升到中等收入者行列，农民工正在成为中等收入者的重要来源。根据国家统计局数据，2019 年，我国农民工数量达到 2.91 亿，全国农民工人均月收入 3 962 元，部分农民工收入超过各种标准定义的中等收入者标准，表明部分收入相对较高的农民工已经步入中等收入门槛。下一步，应当通过保障农民工在住房、养老、医疗和子女教育等方面享受与城镇居民相同的待遇水平，保证他们成为稳定的中等收入群体。国家还明确提出七大群体收入激励计划以及六大支撑行动，从政策设计上允许和鼓励科研人员合理兼职，让专业技术人员、技术工人、经营管理人才获得与其贡献相匹配的报酬，也进一步提高了知识型、技能型劳动者的收入水平和能力回报，从职业声望和收入两个维度促进中等收入群体成长。下一步，应当在调研评估的基础上，继续完善相关政策，确保各项政策能够落到实处。

在调节过高收入方面，国家和地方出台了国企负责人薪酬改革方案，调整了国企负责人的薪酬结构，对薪酬水平进行了限高，并定期向全社会公布。结合从严治党要求，通过“八项规定”“严肃财经财务纪律”“加强纪律审计监督”等举措，对机关、事业单位、国有企业工作人员公务消费行为进行了规范和限定，严格约束工资外收入和非货币性福利。下一步，既要完善要素价格机制，激励人们凭借个人才能和努力获得市场回报，又要打破垄断，继续调节垄断行业的过高收入。应当持续发力，防范国有领域从业人员过高收入、隐性福利、职务消费等反弹，加快出台对其他高收入群体的税收调节政策和相关法律，要在保护合法收入的同时，规范隐性收入，遏制以权力、行政垄断等非市场因素获取收入，全面取缔非法收入。要利用非现金结算快速发展的良机，建立健全自然人收入和财产信息系统，完善收入统计调查和监测体系，为建立良好的收入分配秩序、针对性地扩大中等收入群体，提供数据支持和决策保证。

三是坚持在经济增长的同时实现居民收入同步增长、在劳动生产率提高的同时实现劳动报酬同步提高。党的十八大提出，到 2020 年，国内生产总值和城乡居民平均收入在 2010 年基础上分别翻一番。党的十九大在描述 2020 年全面建成小康社会目标时，指出要让“人民生活更加殷实”；在描绘 2035 年基本现代化目标时，指出到那时“人民生活更为宽裕，中等收入群体比例明显提高，城乡区域发展差距和居民生活水平差距显著缩小，基本公共服务均等化基本实现，全体人民共同富裕迈出坚实步伐”；在描绘 2050 年实现现代化目标时，提出到那时“全体人民共同富裕基本实现，我国人民将享有更加幸福安康的生活”。这些生动形象而又鼓舞人心的目标，离不开经济增长和劳动生产率的提高，离不开居民收入增长和劳动报酬的提高。为此，党的十九大提出了“在经济增长的同时实现居民收入同步增长、在劳动生产率提高的同时实现劳动报酬同步提高”的“两个同步”任务。讲同步，是强调要防止收入增长跟不上经济增长、劳动报酬提高滞后于劳动生产率提高，讲同时，是强调要防止收入增长过度超前于经济增长、劳动报酬提高脱离劳动生产率提高。这是因为，离开了收入增长和劳动报酬提高，“殷实”“富裕”就是一句空话，甚至可能因为收入分配差距过大引发社会矛盾和冲突，破坏经济发展的环境；另外，离开了经济增长和劳动生产率提高，“殷实”“富裕”就成了无源之水，无本之木，甚至可能导致单位劳动成本过快增长，降低产业、行业、企业的竞争力，导致经济发展在过高成本下出现下行，遏制增长动力，反过来又直接减少就业机会。解决好这个问题的关键是，正确处理经济增长和民生保障的辩证关系，从顶层制度设计和具体问题解决“两头”入手，并通过政策宣讲、参与共治等方式，让人民群众形成对未来合理的预期，公平地享受发展成果，提高美好生活水平，但又不涸泽而渔、杀鸡取卵。

四是拓宽居民劳动收入和财产性收入渠道。普通劳动者的收入来源，主要是工资性劳动收入。拓宽居民劳动收入渠道，增加劳动收入，需要不断提高作为劳动生产率组成部分的全要素生产率。在现实路径上，应当结合供给侧结构性改革，推动经济发展质量变革、效率变革、动力变革，一手抓产业布局与升级换代、业态丰富与创新，一手抓人力资源水平提升，通过劳动者与资本、机器等生产要素更高水平的结合与替代互促，实现劳动者的劳动价值提升。在具体举措上，应当结合《国务院关于激发重点群体活力带动城乡居民增收的实施意见》等政策的落地，多管齐下，努力提高工资性、经营性收入，合理提高转移性收入。

财产性收入主要指居民通过家庭的动产和不动产所获得的收入，包括存款利息、购买股票和债券、理财、房屋出租出售、知识产权收益、收藏品升值等等。对处于中高收入水平的国家来说，财产性收入通常是居民收入的重要来源，也是衡量国民富裕程度的重要标志。党的十八大以来，我国居民财产性收入占比持续提高，这主要得益于城乡居民出租房屋收入和红利收入增长较快，同时农村居民来自转让土地承包经营权的收入增长较快。下一步，拓宽财产性收入渠道，要从“保护公民财产权”和“促进市场繁荣”两个角度入手。一方面，加强公民合法财产权的保护力度，建立健全国家依法征收征用补偿制度，保障居民房屋、土地、资源、资产的依法转让交易活动，防止通过滥用公权、非法掠夺等方式损害他人财产权益，营造持续增加居民财产性收入的良好法治环境。另一方面，拓展实业投资、金融产品投资、租赁服务等多元化投资渠道，丰富金融理财工具和投资产品，完善产权交易、金融、资本市场秩序，发展完善多层次资本市场体系，优化上市公司投资回报机制，深化利率和汇率市场化改革，鼓励和支持直接投资，在有条件的企业推进企业员工持股和项目合伙人制度。要继续千方百计增加农民的收入，保障农民公平分享土地增值权益，积极推进农民依法实现其土地承包经营权、集体资产股权、宅基地用益物权、住房财产权等权益，严厉打击各类违法犯罪行为。另外，坚持“房子是用来住的、不是用来炒的”定位，遏制对房地产的过度投资，防范“炒房”对“勤劳守法致富”价值观的扭曲，防止房地产市场投机引发的经济社会风险。

三、履行好政府再分配调节职能

近年来，我国居民增收情况良好，收入分配改革不断向纵深推进，取得了很大成绩。但是，反映居民收入分配差距的基尼系数仍然处于高位。城乡之间、地区之间、行业之间、部门之间和不同社会成员之间收入差距依然较大。只有通过必要的政府再分配和收入调节，才能使全体人民在共建共治共享发展中有更多的获得感。在这一点上，可以说，分好蛋糕与做大蛋糕同等重要。

在收入分配中，初次分配和再分配都需要兼顾公平和效率。但初次分配主要通过市场完成，必须尊重市场机制的作用和市场主体的自主权。但历史和国际经验表明，初次分配不能完全解决收入分配差距问题。全社会收入公平的实现，必须由政府作为调节主体依据法律和政策实施再分配和第二轮调节，其主要手段是税收、社会保障、转移支付和基本公共服务均等化等方面的制度安排与运行机制。

从当前我国政府再分配和收入调节的实际效果看，我国再分配后的基尼系数较初次分配时下降10%左右，而主要发达国家一般下降30%左右。流转税为主的税收制度调节作用相对有限，分类征收的个人所得税制不利于税负公平。多层次社会保障制度建设仍然面临一些难题，公共服务市场化手段利用不足，而且财政收入增速开始放缓，扩大财政支出用以提高民生保障水平与财政支付能力的矛盾开始显现。为此，党的十九大报告强调："履行好政府再分配调节职能，加快推进基本公共服务均等化，缩小收入分配差距。"

一是要加大财税制度对收入分配的调节力度。加快个人所得税制改革，建立健全个人收入双向申报制度，实施综合和分类相结合的个人所得税制度，合并部分所得项目，完善费用扣除内容，优化税率结构，减轻中低收入者税负。稳步推进房地产税改革，综合考虑房地产建设、交易和保有各环节税负水平，合理确定征收方案，发挥好居民"最大宗财产"的财富分配调节杠杆作用。适应当前经济社会发展和居民消费变化，完善消费税制度，将一些高档消费品、高消费行为纳入消费税征收范围，完善计征办法，增强对高收入者的调节。研究在适当时期开征遗产税，体现分配的代际公平，从制度设计上弘扬勤劳守法致富观念，鼓励自致性向上流动。

二是要进一步加强社会保障体系建设。社会保障体系是市场经济运行的“安全阀”和“减缓器”，在再分配上具有重要的公平性作用，有助于校正收入和财富的初始分配状态。党的十九大提出：“按照兜底线、织密网、建机制的要求，全面建成覆盖全民、城乡统筹、权责清晰、保障适度、可持续的多层次社会保障体系。”近期要加快推进如下工作：实现养老保险人群全覆盖；实现职工基础养老金全国统筹；健全参保缴费激励约束机制；建立城镇退休人员基本养老金和城乡居民基本养老保险待遇合理调整机制；合理兼顾城镇职工和居民的基本医疗保险待遇确定和正常调整办法；完善最低生活保障制度，合理调整最低生活保障待遇；实现城乡养老保障制度衔接，整合城乡居民基本医疗保险；将居住证持有人纳入城镇住房保障范围；加强对特殊群体的社会救助和社会保障；鼓励和支持完善公共资源有偿出让和使用经营收益分享机制；通过划转国有资本等方式不断充实社保基金。通过综合采用上述措施，不断缩小社会保障待遇的城乡差距和部门差距。

三是要充分利用好转移支付手段。转移支付是公共财政的重要组成部分，分为一般性转移支付和专项转移支付两类，是特定地区、特定群体在公益性事业、生产生活等方面获得财政专门支持的一种公共财政安排，是财政分配“抽肥”之后“补瘦”的再分配，既包括对欠发达地区的扶助和支持，也包括对社会成员中低收入和困难人群的直接扶助与支持。在我国改革开放的过程中，转移支付曾经发挥了重要的调节作用。下一阶段，要进一步完善中央对地方转移支付制度，规范一般性转移制度，完善资金分配办法，提高财政转移支付透明度，重点增加对革命老区、民族地区、边疆地区、贫困地区的转移支付，促进地区间的财力均衡。加大教育、就业、扶贫开发等支出，加强对困难群体的救助和帮扶，健全省以下财力分配机制，提高基层政府提供服务的能力。

四是要加快推进基本公共服务均等化。《国务院关于印发“十三五”推进基本公共服务均等化规划的通知》指出：“基本公共服务均等化是指全体公民都能公平可及地获得大致均等的基本公共服务，其核心是促进机会均等，重点是保障人民群众得到基本公共服务的机会，而不是简单的平均化。享有基本公共服务是公民的基本权利，保障人人享有基本公共服务是政府的重要职责。”“十三五”以来，我国已初步构建起覆盖全民的国家基本公共服务制度体系，各级各类基本公共服务设施不断改善，国家基本公共服务项目和标准得到全面落实，保障能力和群众满意度进一步提升。下一阶段的重点工作是，围绕幼有所育、学有所教、劳有所得、病有所医、老有所养、住有所居、弱有所扶等人民群众最关心最直接最现实的利益诉求，下大力气完善公共服务体系。优先发展教育，办好人民满意的教育，持续推进教育公平，推动城乡义务教育一体化。继续实施就业优先战略，不断强化公共就业创业服务和职业培训。加强社会保障体系建设，为人民群众提供可靠的未来预期和适当的社会保护。实施健康中国战略，为人民群众提供全方位全周期健康服务，积极应对人口老龄化。继续加大城镇保障性安居工程和农村危房改造的推进力度，积极推动现代公共文化服务体系建设。不断健全公共财政体系，提高公共服务支出在财政支出中的比重。到 2020 年，基本公共服务体系更加完善，体制机制更加健全，在学有所教、劳有所得、病有所医、老有所养、住有所居等方面持续取得新进展，基本公共服务均等化总体实现。

五是要鼓励和支持慈善事业发展。充分利用慈善事业的第三次分配功能，发挥好其回馈社会、扶贫济困的社会作用。慈善捐助是出于人道动机、捐赠资助慈善事业的行为，有利于财富由高收入群体向低收入群体的流动，有助于降低不同群体间的收入差距。要配套完善《慈善法》制度体系，并通过宣传褒扬、慈善捐助减免税等方式，鼓励和支持更多的社会成员参与到慈善事业中来。

第五章

全面建成公平可持续的社会保障体系

5

全面建成公平可持续的社会保障体系

党的十九大报告提出要“加强社会保障体系建设。……全面建成覆盖全民、城乡统筹、权责清晰、保障适度、可持续的多层次社会保障体系”，充分展示了新时代我国建成小康社会、建设社会主义现代化强国的伟大决心和信心，体现了以人民为中心、以民生为重的责任担当和大国追求，同时也体现了习近平总书记治国理政的高超战略和卓越智慧。

习近平总书记之所以多次强调“要建立健全更加公平、更可持续的社会保障制度”，在于建立和完善社会保障体系是发展社会主义市场经济的前提和保证，是维护社会安定和促进社会进步的客观要求，是有效使用人力资源、促进经济发展的重要条件，更是筹集建设资金、加强经济调节作用的重要手段。而一个现代国家的稳定，往往也依赖于一套公平持续的社会保障制度。社会保障是一个国家的社会稳定器，是确保人民安居乐业、社会安定有序的一套重要社会制度安排。它不仅是我国现代国家治理体系的必要组成部分，也是中国共产党以人民为中心的宗旨所在，是我国政府做好就业和社会保障工作、切实保障群众基本生活而必须守住的民生底线。

为了建立更加公平、可持续的社会保障制度，健全公共服务体系，创新社会治理体制①，必须深化社会保障制度改革，使之具有可持续性，发挥好托底作用②。要按照兜底线、织密网、建机制的要求，全面建成覆盖全民、城乡统筹、权责清晰、保障适度、可持续的多层次社会保障体系③。党的十九大报告提出“全面实施全民参保计划”，包括：完善城镇职工基本养老保险和城乡居民基本养老保险制度，尽快实现养老保险全国统筹；完善统一的城乡居民基本医疗保险制度和大病保险制度；完善失业、工伤保险制度；建立全国统一的社会保险公共服务平台。党的十九届四中全会通过的《中共中央关于坚持和完善中国特色社会主义制度 推进国家治理体系和治理能力现代化若干重大问题的决定》（简称

---

① 中共中央文献研究室．习近平关于社会主义社会建设论述摘编．北京：中央文献出版社，2017：83.

② 同①84.

③ 本书编写组．党的十九大报告辅导读本．北京：人民出版社，2017：46.

《决定》）再次提出“坚持和完善统筹城乡的民生保障制度，满足人民日益增长的美好生活需要”，并提出“必须健全幼有所育、学有所教、劳有所得、病有所医、老有所养、住有所居、弱有所扶等方面国家基本公共服务制度体系，尽力而为，量力而行，注重加强普惠性、基础性、兜底性民生建设，保障群众基本生活。创新公共服务提供方式，鼓励支持社会力量兴办公益事业，满足人民多层次多样化需求，使改革发展成果更多更公平惠及全体人民”。这些都是新时代我国加强社会保障体系建设的方向和重点。

一、完善城乡居民基本养老保险制度

中国是老年人口最多的国家，人口老龄化呈现逐步加速趋势。“使老有所终，壮有所用，幼有所长，矜寡孤独废疾者皆有所养”，是我国从古代开始就有的社会理想，也是我们党多年来的努力方向。正如习近平总书记所指出的：“要完善制度、改进工作，推动养老事业多元化、多样化发展，让所有老年人都能老有所养、老有所依、老有所乐、老有所安。”①

新中国成立以来，我国政府一直致力于建立中国特色的社会养老保险制度，但由于社会主义初级阶段的客观国情，受限于国家社会经济发展水平，也因为体制机制的客观原因，一直未能形成公平化、全覆盖的国民社会养老保险体系。党的十八届三中全会之前，我国社会养老保险分为五种：机关公务员、事业单位、城镇职工、城镇居民和新型农村社会养老保险，而每一种保险覆盖的对象和保障的水平各自不同，形成城乡保障二元双轨制和多元保险碎片化的客观局面。党的十八大提出了“2020 年基本公共服务均等化总体实现”的改革目标；党的十八届三中

---

① 中共中央文献研究室. 习近平关于社会主义社会建设论述摘编. 北京：中央文献出版社，2017：83.

全会进一步提出要“建立更加公平可持续的社会保障制度”“让发展成果更多更公平惠及全体居民”。2014 年，国务院常务会议通过了《关于建立统一的城乡居民基本养老保险制度的意见》，决定合并新型农村社会养老保险和城镇居民社会养老保险，建立全国统一的城乡居民基本养老保险制度。我国城乡居民基本养老保险开始从城乡制度分别建设进入打破公共服务城乡二元制度、推进制度并轨。2017 年 10 月 18 日，习近平总书记在党的十九大报告中强调“全面建成覆盖全民、城乡统筹、权责清晰、保障适度、可持续的多层次社会保障体系”。党的十九届四中全会通过的《决定》明确指出：“坚持应保尽保原则，健全统筹城乡、可持续的基本养老保险制度、基本医疗保险制度，稳步提高保障水平。加快建立基本养老保险全国统筹制度。加快落实社保转移接续、异地就医结算制度，规范社保基金管理，发展商业保险。”综合来看，下一阶段的主要工作任务有：

1. 全面实施全民参保计划

建成覆盖全民的社会基本养老保险体系，是要在建立统一的城乡居民基本养老保险制度基础上全面实施全民参保计划。党的十八大以来，各项保险参保人数持续增长，截至 2020 年底，基本养老保险参保人数超过了 9 亿。我国有 14 亿多人口，显然还没有达成全覆盖的工作目标，必须进一步全面实施全民参保计划，不留空白、不留死角，确保每一位国民都享有基本养老保险权利。

全民参保重点是面向中小微企业和广大农民工、灵活就业人员、新就业形态人员、未参保居民等群体。要确保原来没有就业单位的人群，或者其就业组织不是很规范、不能有效为其及时缴纳保险的人群，一些贫困的农民工以及不在居住地生活就业的人群参保。要有针对地加强工作计划的周全性和周密性，确保每一位国民都有方便的途径加入基本社会养老保险。

全民参保关键要解决好参保的持续性问题。要采取有效措施促进中小微企业和重点群体积极参保、持续缴费。促进和引导各类单位和符合条件的人员长期持续参保，是巩固全面参保的一项基本工作，也是全民参保计划得以落实的基本保证，一定要重点加强。

全民参保在管理技术方面要建立全国统一的方便有效的社会保险公共服务平台。具体而言，通过实施全民参保计划，一是要对各类人员参加社会保险情况进行登记补充完善，尽可能建立和形成全面准确的社会保险参保基础数据库；二是要实现全国联网，并确保数据使用和有效维护，确保数据保持实时动态更新，确保数据的准确性；三是要建立全国统一的方便有效的社会保险公共服务平台，不断提高社会保险公共服务的规范化、信息化、专业化、标准化水平。以从中央到乡镇的五级管理体系和服务网络为基础，以全国一体的社会保险经办服务体系和信息系统为依托，以社会保障卡为载体，以实体窗口、互联网平台、电话咨询、自助查询等多种服务方式为服务手段，向参保单位和参保人员提供全网式全流程的方便快捷服务。

2. 推动养老保险制度改革

党的十八大以来，机关事业单位养老保险制度改革积极推进，统一的城乡居民基本医疗保险制度全面实施，养老保险基金启动投资运营，企业退休人员基本养老金水平连续提高，有效保证了广大退休人员的基本生活。然而，我国老年人口增长很快，老年服务产业发展还比较滞后。为此，习近平总书记多次指出，要从增强公平性、适应流动性、保障可持续性出发，尽快提出完善养老保险制度的举措。

一是要尽快实现养老保险的全国统筹。进一步巩固省级统筹的积极成果，从建立企业职工基本养老保险基金中央调剂制度起步，通过转移支付和中央调剂基金在全国范围内进行补助和调剂，在此基础上尽快实现全国统筹，逐步形成中央与省级政府责任明晰、分级负责的基金管理体制。

二是要完善社会统筹和个人账户相结合的城镇职工基本养老保险制度，在全面社会统筹的基础上完善个人账户，坚持精算平衡，增强社保缴费激励，提高收付透明度，提高统筹层次，有序推进基本养老保险制度改革①。

三是要推进养老保险基金的投资运营，努力实现基金保值增值。

四是要逐步建立待遇正常调整机制，有序提高退休人员基本养老金和城乡居民基础养老金标准。

五是要加快发展职业年金，鼓励个人储蓄性养老保险和商业养老保险。

六是要统筹规划，渐进式延迟退休年龄，以确保社会发展的可持续性。

3. 积极发展养老服务业，提高养老服务水平

习近平总书记一直强调，“对一亿三千万多六十五岁以上的老年人，要增加养老服务供给、增强医疗服务的便利性”。为此，要做好应对人口老龄化工作，要积极发展各种养老服务业，根据老年人的特殊需求，推进养老服务和医疗服务的融合。

一要积极发展养老服务业，推进养老服务业制度、标准、设施、人才队伍建设，构建以居家为基础、社区为依托、机构为补充，医养相结合的养老服务体系，更好满足老年人养老服务需求。要培育老龄产业新的增长点，完善相关规划和扶持政策②。

二要完善养老和医疗保险制度，落实支持养老服务业发展、促进医疗卫生和养老服务融合发展的政策措施。要建立老年人状况统计调查和发布制度、相关保险和福利及救助相衔接的长期照护保障制度、老年人监护制度、养老机构分类管理制度，制定家庭养老支持政策、农村留守老人关爱服务政策、扶助老年人慈善支持政策、为老服务人才激励政策，促进各种政策制度衔接，增强政策合力③。

三要积极促进医养结合，提高老年人口医疗卫生服务水平。要引导家庭医生优先同老年家庭开展签约服务，发挥基层全科医生贴近群众、

---

① 中共中央文献研究室. 习近平关于社会主义社会建设论述摘编. 北京：中央文献出版社，2017：91.

②③ 同①92.

贴近家庭、贴近基层的优势，为老年人提供连续的健康管理服务和医疗服务。要坚持医养结合，逐步建立长期护理制度，为老年人提供治疗期住院、康复期护理、稳定期生活照料、安宁疗护一体化的健康养老服务，使老年人更健康快乐①。

二、完善城乡居民基本医疗保险制度

医疗保险制度对于保障群众就医需求、减轻群众医药费用负担、提高群众健康水平有着重要作用。医疗卫生服务直接关系人民身体健康。没有全民健康，就没有全面小康②。按照十九大的精神，要继续做好完善统一的城乡居民基本医疗保险制度和大病保险制度，充分满足人民病有所医的健康需求。要推动医疗卫生工作重心下移、医疗卫生资源下沉，推动城乡基本公共服务均等化，为群众提供安全有效方便价廉的公共卫生和基本医疗服务，真正解决好基层群众“看病难”“看病贵”问题③。

1. 完善统一的城乡居民基本医疗保险制度

城乡居民基本医疗保险制度是整合城镇居民基本医疗保险和新型农村合作医疗（简称新农合）两项制度，实现六个统一，即统一覆盖范围、统一筹资政策、统一保障待遇、统一医保目录、统一定点管理和统一基金管理。党的十八大以来，尤其是《国务院关于整合城乡居民基本医疗保险制度的意见》发布以来，原来城乡二元化的医保制度得到整合，城乡居民大病保险制度全面建立，异地就医住院费用直接结算基本实现，支付方式改革整体推进，医疗保险在医疗改革中的重点基础作用得到了进一步的发挥，对推进医药卫生体制改革、实现城乡居民公平享

① 中共中央文献研究室．习近平关于社会主义社会建设论述摘编．北京：中央文献出版社，2017：107.

②③ 同①99.

有基本医疗保险权益、促进社会公平正义、增进人民福祉的重大举措具有重要意义。

党的十九大以后要进一步完善统一的城乡居民基本医疗保险制度，必须按照全覆盖、保基本、多层次、可持续的方针，加强统筹协调与顶层设计，遵循先易后难、循序渐进的原则，从完善政策入手，推进城镇居民医保和新农合制度整合，逐步在全国范围内建立起统一的城乡居民医保制度，推动保障更加公平、管理服务更加规范、医疗资源利用更加有效，促进全民医保体系持续健康发展。

2. 全面实施城乡居民大病保险制度

城乡居民大病医疗保险，是在原基本社会医疗保险的基础上，通过与商业保险的结合，对大病患者发生的高额医疗费用提供进一步补偿。2012 年，国家发展和改革委员会等 6 部门联合发布文件《关于开展城乡居民大病保险工作的指导意见》，加快推进城乡居民大病保险工作制度的建立，并在一些省进行了试点工作。2017 年在党的十九大报告中，习近平总书记明确提出“完善统一的城乡居民基本医疗保险制度和大病保险制度”。

城乡居民大病保险是中国特色社会主义医疗保障体系的重要组成部分，把社会保障与商业保险相结合是持续深化医改的重大创新。政府与参合参保群众是管理关系，而商业保险机构与参合参保群众是客户关系。商业保险机构以保险合同形式承办大病医疗保险，能够充分发挥商业保险机构的专业特点，加大对医疗机构和医疗费用的制约；可以借助商业保险机构在全国范围内统筹核算的经营特点，间接提高大病医疗保险的统筹层次，增强抗风险能力，提高服务水平，放大保障效应；利用商业保险机构专业化管理优势和市场化运行机制，促进提高基本医保的经办效率。与医疗救助等紧密衔接，对经大病保险支付后自付费用仍有困难的患者，由医疗救助、慈善救助等给予帮助，共同发挥托底保障功能，有效防止发生家庭灾难性医疗支出，防范冲击社会道德底线的事情出现，显著提升城乡居民医疗保障公平性。

建立和完善统一的城乡居民大病统筹制度，具有精准扶贫功能。从贫困发生原因看，相当部分人口是因病致贫或因病返贫的。所以，习近平总书记多次强调，要建立健全医疗保险和医疗救助制度，对因病致贫或返贫的群众给予及时有效的救助[①]。他还提出，新型农村合作医疗和大病保险政策要向贫困人口倾斜，门诊统筹要率先覆盖所有贫困地区，财政对贫困人口参保的个人缴费部分要给予补贴。要加大医疗救助、临时救助、慈善救助等帮扶力度，把贫困人口全部纳入重特大疾病救助范围，保障贫困人口大病得到医治。要不断巩固和完善大病保险制度，对贫困人员要降低起付线，提高报销比例和封顶线等倾斜政策，实行精准支付。通过加强基本医保、大病医保和医疗救助的有效衔接，实施综合保障，切实提高医疗保障水平，缓解困难人群的重特大疾病风险。

3. 全面深化医药卫生体制改革

健康中国的建设离不开全面深化医药卫生体制改革。新形势下，医药卫生体制改革要坚持以人民为中心的发展思想，坚持为人民健康服务[②]。具体而言：一是以基层为重点，就是根据统筹城乡区域发展和城镇化建设的需要，把以农村为重点扩展到城乡整个基层，增强基层防病治病能力。二是以改革创新为动力，就是深化医药卫生体制改革，全力推进卫生与健康领域理论创新、制度创新、管理创新、技术创新。三是以预防为主，中西医并重。四是把健康融入所有政策，人民共建共享。五是要更加强调政府统筹协调的责任，更加突出依靠群众，调动全社会参与的积极性、主动性、创造性。

当前，我国的医药卫生体制改革已进入深水区，到了啃硬骨头的攻坚期。要加快把党的十八届三中全会确定的医药卫生体制改革任务落到实处。要着力推进基本医疗卫生制度建设，努力在分级诊疗制度、现代

---

① 中共中央文献研究室．习近平关于社会主义社会建设论述摘编．北京：中央文献出版社，2017：89.

② 同①102.

医院管理制度、全民医保制度、药品供应保障制度、综合监管制度等5项基本医疗卫生制度建设上取得突破①。

最后，还需要提出和强调的是，“保基本、强基层、建机制”中，基本医疗卫生服务是医疗卫生服务中最基础最核心的部分，应该主要由政府负责保障，全体人民公平获得。习近平总书记指出，基本和非基本的界限是相对的，随着经济发展、政府保障能力增强、医疗技术不断提高，基本医疗卫生服务范围可以逐步扩大，服务标准也可以逐步提高。同时，我们也要认识到，发展基本医疗卫生服务要同我国国情和发展阶段相适应，重点是保障人民群众得到基本医疗卫生服务的机会，而不是简单的平均化。我国人口众多，仍处于并将长期处于社会主义初级阶段，拓展基本医疗卫生服务的内涵和标准要量力而行、尽力而为，不能不切实际作出承诺，把胃口吊得过高②。

三、完善住有所居的有效住房保障制度

建立住房保障和供应体系，是保障民生的一项主体工程，是社会主义社会保障体系的重要组成部分，同时也是体现和考验政府执行力的“德政工程”。加快推进住房保障和供应体系建设，是满足群众基本住房需求、实现全体人民住有所居目标的重要任务，是促进社会公平正义、保证人民群众共享改革发展成果的必然要求。习近平多次强调，对住房困难群众，政府必须“补好位”，提供基本住房保障。党的十九届四中全会通过的《决定》，提出要加快建立多主体供给、多渠道保障、租购并举的住房制度。要千方百计增加住房供应，同时要把调节人民群众住房需求放在重要位置，建立健全经济、适用、环保、节约资源、安全的住房标准体系，倡导符合国情的住房消费模式。

① 习近平．习近平谈治国理政：第2卷．北京：外文出版社，2017：372-373.

② 中共中央文献研究室．习近平关于社会主义社会建设论述摘编．北京：中央文献出版社，2017：103.

目前，我国住房保障体系包括住房公积金、经济适用房、廉租房、限价房和公共租赁住房等。要加快推进住房保障和供应体系建设，构建以政府为主提供基本保障、以市场为主满足多层次需求的住房供应体系①。

1. 更加优化住房公积金制度，充分发挥其保障功能

住房公积金作为一项重要的住房保障制度，其本质是一种国家支持的社会自助形式，通过金融互助，以缴存公积金的方式，增强缴存资金职工的购房支付能力。它不只针对低收入者，也针住对高、中收入者。一般而言，住房公积金由国家机关、事业单位、各类企业、社会团体和民办非企业单位及其在职职工按工资的一定比例逐月缴存，归职工个人所有。住房公积金专户存储，专项用于职工购买、建造、大修自住住房，并可以向职工个人提供住房贷款，具有义务性、互助性和保障性等特点。住房公积金按规定可以享受列入企业成本、免交个人所得税等税收政策，存贷款利率实行低进低出原则，充分体现政策优惠。作为政策性住房金融，住房公积金不仅直接以金融手段支持广大城镇职工在市场上解决住房问题，改善了部分低收入家庭住房条件，而且其增值收益还成为廉租住房建设资金的主要来源，支持了廉租住房的建设。

然而，我国住房公积金是在城镇住房制度改革后建立起来的，还需要在实践探索中逐步完善相关制度，以确保其应有作用的充分发挥。一要加强监管，保证安全，确保其专款专用，不被挪借。二要加强信息互通，统一联网监管，由主管部门和人民银行实行动态监管。三要扩大使用方向，除用于房屋购买、自建和维修外，还应加大对中低收入家庭的支持力度，包括按月按年支取支付房屋租金等。四要降低利率，创新、丰富贷款品种，使其充分发挥政策性、保障性金融的作用。五要简化贷款手续，提高服务水平。六要根据社会经济发展、人民生活水平和房地

① 中共中央宣传部. 习近平总书记系列重要讲话读本（2016年版）. 北京：学习出版社，2016：217-218.

产市场的发展变化情况，及时进行贷款额度调整。

2. 进一步完善经济适用住房制度，确保其发挥政策保障职能

始于 1998 年的经济适用住房是我国住房保障体系的重要组成部分。2004 年建设部发布的《经济适用住房管理办法》规定，经济适用住房指的是“政府提供政策优惠，限定建设标准、供应对象和销售价格，具有保障性质的政策性商品住房”。它具有两个主要特点：一是作为政策性住房具有保障性，有别于市场化商品房；二是政府在经济适用住房的建设上提供优惠政策措施，如减免有关税费、免交土地出让金等，相应地在建设标准、供应对象和销售价格上也有所限制。

出台经济适用住房政策并给予各方面的优惠政策，是政府保障中低收入家庭的居住权的政策体现。经济适用住房制度为广大中低收入家庭实现“居者有其屋”做出了不可磨灭的贡献。但根据以往的制度实施及市场现状来看，经济适用住房制度还需要进行完善和优化。一是严格控制经济适用住房的保障范围，确保经济适用住房的专属性。二是根据经济发展水平和群众生活水平，控制经济适用住房建筑面积和套型，并限定小户型低总价住房不得低于开发总套数的比例。三是严格经济适用住房上市交易管理，杜绝从经济适用住房交易中谋利的市场行为。

3. 更加扎实地推进廉租住房制度改革

廉租住房是指政府以租金补贴或实物配租的方式，向符合城镇居民最低生活保障标准且住房困难的家庭提供社会保障性质的住房。1998 年我国开始推进廉租住房制度建设，1999 年建设部出台《城镇廉租房管理办法》，2004 年多部委共同颁布《城镇最低收入家庭廉租住房管理办法》，对按政府规定价格出租的公有住房和廉租住房，暂免征收房产税、营业税，并不断完善廉租住房保障政策。各地政府在国家统一政策指导下，结合当地经济社会发展的实际情况，因地制宜建立城镇最低收入家庭廉租住房制度。

从廉租住房的发展和现状来看，我国廉租住房制度正处于健全完善过程之中。总体上看，廉租住房仍然存在建设资金、房源和受保障对象资格审批准入三个方面的问题需要解决。

一是调动一切可以利用的资金，通过多元化融资方式和渠道，为廉租住房的建设资金来源提供更有效的解决途径。从目前我国廉租住房建设资金的主要来源看，其渠道主要包括财政拨款、住房公积金增值收益、社会保障和社会捐赠等。我国虽已要求将土地出让金净收益中的部分资金用于廉租住房建设，但还应该加大包括政府的资金注入、市场融资、建立基金或债券等力度，确保廉租住房的建设基金来源。

二是加大地方政府对廉租住房制度建设的责任，确保有充足和可持续的房源。尽管中央政府高度重视廉租住房建设，但具体落实和成效还要看地方政府。各级地方政府一定要真正站在民生立场上，支持并放宽用于廉租住房建设的土地政策，实施鼓励和支持开发商建设廉租住房的优惠政策，增加和确保房源，以满足大量低收入者的住房需求。

三是做好受保障对象廉租房申购资格审批的工作。要加强低收入家庭住房状况调查工作，全面建立保障对象住房档案，并及时出台实际可行的城镇最低收入家庭廉租住房申请、审核、退出管理的规范性文件。在规范廉租住房申请审批机制的同时，引导低收入群体合理的住房消费观念，确保广大中低收入者的居住有保障。

4. 引导和发挥双限商品房的住房保障作用

双限商品房，即由政府在土地出让的时候限定户型、限定售价的商品房，既带有住房保障性质，又具有商品房属性。政府在经过对开发成本的测算后，在售价、户型面积、建设标准和销售对象等方面进行限制，将开发商利润控制在合理范围，最终设定土地价格。这从土地源头上控制了房价，打破了房地产市场垄断，保障了中低收入者的住房利益。同时，地方政府仍然能够收取一定数额的土地出让金。实践证明，限价商品房在降低房价涨幅，满足中低收入家庭住房需求方面有着积极的作用。

从双限商品房的市场现状和政策执行情况来看，我们需要把握和解决好四个方面的问题：一是要确定双限商品房开发企业的利润范围；二是要合理规划双限商品房的开发规模；三是要引入有效的监督机制，避免滋生腐败；四是要建立有效的流转机制。只有抓好这四个方面，双限商品房的政策效能和住房保障功能才能得到充分发挥。

5. 盘活二手房租售市场，建立住房的梯度消费模式

习近平总书记指出："坚持房子是用来住的、不是用来炒的定位，加快建立多主体供给、多渠道保障、租购并举的住房制度，让全体人民住有所居。"① "加快建立统一、规范、成熟、稳定的住房供应体系。……建立健全经济、适用、环保、节约资源、安全的住房标准体系，倡导符合国情的住房消费模式。"②

目前，我国二手房市场发展滞后，大量存量住房流通不畅，住房需求过度集中在一级住房（新房）市场的现状普遍存在，亟待建立和形成住房市场的梯度消费模式。中等或中等偏低收入家庭通过购买价位较低的存量二手房来解决住房问题，中等或中等偏高收入家庭通过转让旧房，再购买新建的价格较高、性能较好的中档房、中高档房来改善住房条件，从而形成住房的梯级消费，促进一、二级市场协调发展。

健康的住房市场应该是买卖和租赁并存的市场，购买与租赁并重的二元消费观念的形成，有利于梯度消费模式的形成。租房也是住房消费的一种选择，住房租赁使人们可以依据自己的收入状况，调整住房支出，形成合理的梯级消费。有鉴于此，需要简化已购公房、二手房交易的审批程序与交易程序，适度下调交易税费，加大对二手房按揭的信贷支持力度，积极引导开发企业变单一销售方式为租售并举的销售方式。同时发展规范中介服务业，为交易双方建立畅通的渠道，对二手房交

① 本书编写组．党的十九大报告辅导读本．北京：人民出版社，2017：47.

② 中共中央文献研究室．习近平关于全面深化改革论述摘编．北京：中央文献出版社，2014：95.

易、房屋租赁市场给予政策鼓励并进行规范。

6. 坚持“房子是用来住的”，引导房地产市场的健康发展

习近平总书记多次提出，解决好房地产问题，要坚持“房子是用来住的、不是用来炒的”这个定位。出发点要站准，落脚点要站好，不要搞偏了。

加快推进住房保障和供应体系建设，要处理好政府提供公共服务和市场化的关系、住房发展的经济功能和社会功能的关系、需要和可能的关系、住房保障和防止福利陷阱的关系。只有坚持市场化改革方向，才能充分激发市场活力，满足多层次住房需求。

总有一部分群众由于劳动技能不适应、就业不充分、收入水平低等原因而面临住房困难，政府必须“补好位”，为困难群众提供基本住房保障。为此，要重点发展公共租赁住房，加快建设廉租住房，加快实施各类棚户区改造。要优化保障性住房规划布局、设施配套和户型设计，抓好工程质量[①]。加快发展和规范住房租赁市场，坚决抑制房地产泡沫[②]，要从实际出发，综合运用金融、土地、财税、投资、立法等手段，加快研究建立符合国情、适应市场规律的基础性制度和长效机制，抑制房地产泡沫，防止出现大起大落[③]。

四、完善对弱势群体的帮扶和救助制度

消除贫困、改善民生、逐步实现共同富裕，是社会主义的本质要求。新时代的中国特色社会主义建设，更是要做好对贫困人口、困难群众以及各类弱势群体的帮扶救助工作。习近平总书记多次强调，要把人民的冷暖温饱放在心上，强化基本民生保障，兜住民生底线，不折不扣

① 中共中央文献研究室. 习近平关于社会主义社会建设论述摘编. 北京：中央文献出版社，2017：81.

② 同①94.

③ 同①93-94.

地做好民生工作。党的十九大报告指出，要统筹城乡社会救助体系，完善最低生活保障制度。坚持男女平等基本国策，保障妇女儿童合法权益。完善社会救助、社会福利、慈善事业、优抚安置等制度，健全农村留守儿童和妇女、老年人关爱服务体系。发展残疾人事业，加强残疾人康复服务[①]。党的十九届四中全会通过的《决定》进一步指出：统筹完善社会救助、社会福利、慈善事业、优抚安置等制度；健全退役军人工作体系和保障制度；坚持和完善促进男女平等、妇女全面发展的制度机制；完善农村留守儿童和妇女、老年人关爱服务体系，健全残疾人帮扶制度；坚决打赢脱贫攻坚战，巩固脱贫攻坚成果，建立解决相对贫困的长效机制。

1. 完善最低生活保障制度，解决好困难群众的生活兜底问题

社会救助是指国家和其他社会主体对于遭受自然灾害、失去劳动能力或者其他低收入公民给予物质帮助或精神救助，以维持其基本生活需求，保障其最低生活水平的各种措施。政府根据维持最起码的生活需求的标准设立一条最低生活保障线，保障每一个困难群众的基本生活。最低生活保障制度作为一种传统而基本的社会保障方式，在矫正“市场失灵”，调整资源配置，实现社会公平，维护社会稳定，构建社会主义和谐社会等方面发挥着重要的不可替代的作用。因此，习近平总书记强调，对丧失劳动能力、无法通过产业扶持和就业帮助实现脱贫的贫困人口，要通过社会保障实施政策性兜底扶贫，主要是纳入低保体系。这部分人不少是残疾和智障人口，由于不具备劳动能力甚至生活能力，无法通过开发性扶贫政策实现脱贫，需要通过低保和社会救助等方式稳定解决生计问题。要研究贫困地区扶贫线和低保线“两线合一”的实施办法，把低保线提高到扶贫标准线，对这部分人实行应保尽保[②]。

---

① 本书编写组. 党的十九大报告辅导读本. 北京：人民出版社，2017：46-47.

② 中共中央文献研究室. 习近平关于社会主义社会建设论述摘编. 北京：中央文献出版社，2017：85.

2. 重点做好就业保障和下岗帮扶工作，守住民生底线

习近平指出："要按照守住底线、突出重点、完善制度、引导舆论的思路，深入细致做好社会托底工作。"把做好就业工作摆到突出位置，重点抓好高校毕业生就业和化解产能过剩中出现的下岗再就业工作。"要完善各项社会政策，努力提高就业、养老、教育、医疗、环境保护等公共服务水平和质量。要针对特定人群特殊困难加强帮扶，保障基本民生。对去产能中出现的下岗职工，要妥善安置。要关心收入明显下降的职工，对难以转岗的'4050'人群要发挥社会保障托底作用。对职工安置困难较大和财政收支压力大的地区，要加大结构调整专项奖补资金和就业专项资金倾斜力度。"①

就业帮扶的一个重点是高校大学生的就业和生活保障问题。"现在，多数高校毕业生都想在大城市就业，找不到工作也在城里漂着，处理不好容易形成社会风险。各级党委和政府要落实已有的政策和措施，努力创造就业岗位，尽力吸纳更多高校毕业生就业创业，同时引导和鼓励他们到基层和中西部地区就业创业。"②"守住底线"，就是要重点保障低收入群众基本生活，做好高校大学生生活困难补助工作。"突出重点"，就是要注意稳定和扩大就业，特别是要鼓励创业就业，多渠道创造就业岗位，尤其是要做好以高校毕业生为重点的青年就业工作。要善待和支持小微企业发展，强化大企业社会责任，保持就业局势总体稳定。要抓好失业人员就业培训、再就业服务、生活救济工作。

就业帮扶的另一重点是解决好下岗人员的再就业问题。老工业基地前些年下岗人员相对集中，党和政府要切实关心他们及其家庭的工作和生活，做好就业再就业工作，让在就业创业上需要帮助的群众都能得到帮助、在生活上需要保障的群众都得到保障。针对化解产能过剩可能会引起一些企业破产转产，从而引发失业及部分群众生活困难的问题，

---

① 习近平．习近平谈治国理政：第2卷．北京：外文出版社，2017：367.

② 中共中央文献研究室．习近平关于社会主义社会建设论述摘编．北京：中央文献出版社，2017：67.

“各级党委和政府要有针对性做好工作，保障他们的基本生活不受影响。要努力做好失业人员再就业和鼓励自主创业的服务工作，增强其再就业能力，为有能力、有意愿自主创业的失业人员营造良好创业环境”①。

3. 建立健全残疾人基本福利制度，完善扶残助残服务体系

残疾人是一个有特殊困难的群体，需要格外关心、格外关注。让广大残疾人安居乐业、衣食无忧，过上幸福美好的生活，是我们党全心全意为人民服务宗旨的重要体现，是我国社会主义制度的必然要求。习近平总书记指出：“各级党委和政府要高度重视残疾人事业，把推进残疾人事业当作分内的责任，各项建设事业都要把残疾人事业纳入其中，不断健全残疾人权益保障制度。各级残联要发扬优良传统，切实履行职责，为残疾人解难、为党和政府分忧，团结带领残疾人继续开创工作新局面。”②

4. 健全农村留守儿童和妇女、老年人关爱服务体系，保障妇女、儿童的合法权益

针对妇女、儿童和老年人等弱势群体，针对农村的贫困地区，习近平总书记特别指出要推动形成城乡基本公共服务均等化体制机制，特别是要加强农村留守儿童、妇女、老人关爱服务体系建设③。

针对农村的“三留守”问题，习近平提出要高度重视，搞好农村民生保障和改善工作。让农村留守人员生活踏实、安全、无忧，是各级党委和政府特别是基层党委和政府的重大责任。要抓紧完善相关政策措施，健全农村留守儿童、留守妇女、留守老年人关爱服务体系，围绕留守人员基本生活保障、教育、就业、卫生健康、思想情感等实施有效服务④。

---

① 中共中央文献研究室．习近平关于社会主义社会建设论述摘编．北京：中央文献出版社，2017：66.

② 同①83.

③ 同①84.

④ 同①82.

5. 完善优待抚恤安置等基本制度，加快推进民生领域体制机制创新

统筹城乡社会救助体系，要完善社会救助、社会福利、慈善事业、优抚安置等制度。政府要积极引导社会力量参加社会救助、社会福利及慈善事业，并不断完善慈善监管体系，不断增强政府公信力和社会慈善事业的公信力。

要加快建立城乡社会救助体系，加快推进民生领域体制机制创新，促进公共资源向基层延伸、向农村覆盖、向弱势群体倾斜。“‘十三五’时期，财政收入不可能像原来那样高速增长，要处理好发展经济和保障民生的关系，既要在经济发展的基础上不断加大保障民生力度，也不要脱离财力作难以兑现的承诺。”① 其中要抓住关键四点：一是要抓重点，抓住人民最关心最直接最现实的利益问题，抓住最需要关心的人群，多做雪中送炭的事情。二是要抓实在，既尽力而为，又量力而行，做那些现实条件下可以做到的事情，让群众得到看得见、摸得着的实惠。决不能开空头支票，也要防止把胃口吊得过高，否则就会失信于民。三是要抓持久，把保障和改善民生作为长期任务来抓，一件事情接着一件事情办、一年接着一年干，锲而不舍向前走。四是要抓组织，各级干部要带领群众一起干，通过辛勤劳动创造幸福生活，而不能领导热群众不热，也不能群众热而领导不热②。

---

① 习近平．习近平谈治国理政：第2卷．北京：外文出版社，2017：80.

② 中共中央文献研究室．习近平关于社会主义社会建设论述摘编．北京：中央文献出版社，2017：5.

第六章

打赢脱贫攻坚战

6 打赢脱贫攻坚战

消除贫困、改善民生、逐步实现共同富裕，是社会主义的本质要求，是我们党的重要使命。小康不小康，关键看老乡，关键看贫困老乡能不能脱贫。习近平总书记指出：“如果贫困地区长期贫困，面貌长期得不到改变，群众生活长期得不到明显提高，那就没有体现我国社会主义制度的优越性，那也不是社会主义。”① 党的十九大报告以及十九届四中全会都对坚决打赢脱贫攻坚战提出了明确要求，必须以习近平新时代中国特色社会主义思想为指导，充分发挥政治优势和制度优势，动员全党全国全社会力量，坚持精准扶贫、精准脱贫，确保如期完成脱贫攻坚任务，并巩固脱贫攻坚成果，建立解决相对贫困的长效机制。党的十九届五中全会更是要求在打赢脱贫攻坚战的基础上，进一步实现巩固拓展脱贫攻坚成果同乡村振兴战略有效衔接。

一、精准扶贫理念形成的理论和现实基础

新中国成立以来，我们党带领人民持续向贫困宣战。在计划经济时代，党和政府通过土地改革、建立社会主义制度、发展社会事业等，为我国消除贫困、不断改善人民生活奠定了制度基础。改革开放以后，党和政府大力推行家庭联产承包责任制，坚持统筹城乡经济社会发展，不断解放和发展农村社会生产力，带动农村贫困人口脱贫致富。针对重点贫困地区的问题，启动甘肃河西、定西和宁夏西海固“三西”农业建设专项扶贫计划，成立扶贫开发专门工作机构，在世界上率先拉开有计划、有组织、大规模扶贫开发的序幕。此后，我国先后制定实施《国家八七扶贫攻坚计划》《中国农村扶贫开发纲要（2001—2010 年）》《中国农村扶贫开发纲要（2011—2020 年）》。经过长期努力，我们成功走出了一条中国特色扶贫开发道路，使 7 亿多农村贫困人口成功脱

---

① 中共中央宣传部. 习近平总书记系列重要讲话读本（2016 年版）. 北京：学习出版社，2016：219.

贫，贫困群众生活水平显著提高，贫困地区面貌发生根本变化，为全面建成小康社会打下了坚实基础。当然，也应当看到，巩固拓展脱贫攻坚成果形势依然严峻，全国数以千万计贫困人口，大多是经过多轮扶贫而啃下来的“硬骨头”，原先属于“贫中之贫、困中之困”，有的是丧失劳动能力，有的是患重病慢性病，有的是文化程度太低，有的是因灾、因学等致贫返贫，还有的是缺乏基本生产条件，绝大多数都是特殊困难群体。

党的十八大以来，我国将扶贫开发工作纳入“四个全面”战略布局，持续推进扶贫的理念创新、模式创新和机制创新，提出并实施了精准扶贫、精准脱贫的新方略，实行了一系列力度大、针对性强的重大举措，实现从“输血式”的生活救济型扶贫向提升贫困地区内生动力的“造血式”开发型扶贫转变，从“大水漫灌式”的全面扶贫到“滴灌式”的精准扶贫转变，开创了扶贫开发的新战略、新模式和新路径，扶贫开发事业取得显著成就。

习近平总书记2013年11月在湖南湘西考察时，首次提出了“精准扶贫”，要求“扶贫要实事求是，因地制宜。要精准扶贫，切忌喊口号，也不要定好高骛远的目标”。后来，他又在多个场合进一步阐述并丰富了这一概念的内涵。

1.“共同富裕”根本原则是精准扶贫理念产生的理论源头

共同富裕是中国特色社会主义的本质规定、奋斗目标和根本原则，也是中国特色社会主义理论体系中的重要基石。党的十九大报告明确了新时代我国社会主要矛盾是人民日益增长的美好生活需要和不平衡不充分的发展之间的矛盾，提出“必须坚持以人民为中心的发展思想，不断促进人的全面发展、全体人民共同富裕”。做好扶贫开发工作，支持困难群众脱贫致富，帮助他们排忧解难，让改革发展成果更多更公平惠及全体人民，保证全体人民在共建共享发展中有更多获得感，是我们党坚持全心全意为人民服务根本宗旨的重要体现，也是党和政府的重大职责。

精准扶贫就是要求实施精细化的扶贫方式，从扶贫机制上由主要依赖经济增长的“涓滴效应”向更加注重“靶向性”对目标人群直接加以扶贫干预的动态调整①。因此，精准扶贫理念就是要帮助每一个建档立卡贫困户摸索出适合自己的致富路，这正是“共同富裕”理论原则的发展和延伸。

2. “全面建成小康社会”宏伟目标是精准扶贫理念产生的现实需求

在2020年完成“全面建成小康社会”的宏伟目标，是党的十八大根据我国经济社会实际做出的重大决策，将为实现中华民族的伟大复兴奠定坚实基础。如果说“全面小康与中国梦相互激荡，凝聚为全社会的‘最大公约数’”，那么，扶贫、脱贫则是全面小康的“最后一公里”。因此，全面建成小康社会、实现第一个百年奋斗目标，农村贫困人口全部脱贫是一个标志性指标。实现全面建成小康社会的宏伟目标，要求我们必须补上数千万农村贫困人口这个经济社会发展的最大“短板”。

我国已进入全面建成小康社会的决胜阶段，扶贫开发也已经进入了“啃硬骨头、攻坚拔寨”的冲刺阶段。我们不能再继续“大水漫灌式”和“输血式”的传统扶贫模式等常规思路和办法，而必须运用更加精细化的扶贫思路，采取力度更大、针对性更强、作用更直接、效果更可持续的措施，确保贫困地区整体如期脱贫，杜绝返贫。因此，精准扶贫是我国扶贫开发进行到新阶段后的必然举措，符合中国国情。

3. 脱贫攻坚贵在精准、重在实效

自精准扶贫提出以来，习近平总书记在各地调研时曾多次提及，并于2015年6月在贵州将精准扶贫概括为“扶贫对象精准、项目安排精准、资金使用精准、措施到户精准、因村派人精准、脱贫成效精准”。

---

① 左停，杨雨鑫，钟玲. 精准扶贫：技术靶向、理论解析和现实挑战. 贵州社会科学，2015 (8).

具体而言，精准扶贫的主要内容可以从下列三个方面来理解。

第一，精准理念是精准扶贫的核心要义。脱贫攻坚贵在精准，重在精准，成败之举在于精准。习近平总书记指出："必须在精准施策上出实招、在精准推进上下实功、在精准落地上见实效。"①

精准扶贫正是在总结我国数十年扶贫工作经验、教训的基础之上，并根据目前我国贫困群体状况所提出的针对性措施。精准扶贫包括精准识别、精准帮扶、精准管理和精准考核，其核心要义是精准理念，要求将精准理念作为扶贫工作的基本理念，贯穿于扶贫工作的全过程。

第二，分批分类理念是精准扶贫的基础工具。习近平总书记在2015年中央扶贫开发工作会议上详细论述了分批分类的扶贫理念，并概括为"五个一批"，即按照贫困地区和贫困人口的具体情况，一是发展生产脱贫一批，二是异地搬迁脱贫一批，三是生态补偿脱贫一批，四是发展教育脱贫一批，五是社会保障兜底一批②。在实践中，很多地方结合本地实际，在"五个一批"规定动作之外，还增加了若干个"自选动作"，制定了精准施策的"5＋N"个"一批"措施。

第三，内源发展理念是精准扶贫的战略重点。"扶贫先扶志"，不论造成贫困是由于何种直接原因，精神贫困始终是主观上的首要根源。精神贫困，首先体现在缺乏脱贫致富的勇气、信心等主观意愿。在脱贫攻坚过程中，帮助贫困群体充分认识到自身优势以及主观能动性的重要性，拿出敢想敢干的毅力和决心，在精神上与贫困绝缘，是精准扶贫理念的重要内容。

内源发展理念还直接体现在习近平总书记关于"扶贫必扶智"以及大力发展乡村教育的观点和要求上。习近平指出："治贫先治愚，扶贫先扶智。教育是阻断贫困代际传递的治本之策。"③ 到2020年稳定实现扶贫对象不愁吃、不愁穿，保障其义务教育、基本医疗和住房，是中

① 中共中央文献研究室．习近平关于社会主义经济建设论述摘编．北京：中央文献出版社，2017：216.

② 同①218-222.

③ 同①220.

央确定的目标。其中，“把贫困地区孩子培养出来，这才是根本的扶贫之策”。

二、从精准扶贫到精准脱贫的实践逻辑

从实施精准扶贫到实现精准脱贫，既是手段与目的、过程与结果的区别，也是新时代扶贫开发工作在实践中的自然延伸。实施精准扶贫、实现精准脱贫，要解决好以下四个问题：

1. 精准识别：解决好“扶持谁”的问题

扶贫必先识贫。精准识别是精准扶贫、精准脱贫的基础和前提。长期以来，贫困居民数据来自抽样调查后的逐级往下分解，贫困居民底数不清，扶贫对象常由基层干部“推测估算”。推进精准扶贫，要解决好“扶持谁”的问题，确保把真正的贫困人口弄清楚，把贫困程度、致贫原因等搞清楚，找对“穷根”，明确靶向，做到扶真贫、真扶贫，做到因户施策、因人施策。在精准识别方面，要通过有效、合规的程序，把谁是贫困居民识别出来。

精准扶贫总的原则是“县为单位、规模控制、分级负责、精准识别、动态管理”。开展到村到户的贫困状况调查和建档立卡工作，包括群众评议、入户调查、公示公告、抽查检验、信息录入等内容。建档立卡信息包括：贫困家庭基本信息、致贫原因、帮扶需求、帮扶措施、帮扶效果、帮扶责任人等。四川宜宾等一些地方探索了“比选”确定扶贫对象的方法。具体做法是：根据国家公布的扶贫标准，村民先填申请表，首先由村民小组召开户主会进行比选，再由村“两委”召开村、组干部和村民代表会议进行比选，并张榜公示；根据公示意见，再次召开村、社两级干部和村民代表会议进行比选，并再次公示；如无异议，再根据村内贫困农户指标数量确定贫困农户。总之，不论采取何种方式识别，都要充分发扬基层民主，发动群众参与，程序透明，把识别权交给

基层群众，让同村老百姓按他们自己的“标准”识别谁是穷人，以保证贫困户认定的透明公开、相对公平。

2. 精准归责：解决好“谁来扶”的问题

推进精准扶贫，关键是责任落实到人。在新时代脱贫攻坚战中，要形成良好的扶贫开发工作机制，做到分工明确、责任清晰、任务到人、考核到位，既各司其职、各尽其责，又协调运转、协同发力。

中央统筹。党中央、国务院主要负责统筹制定脱贫攻坚大政方针，出台重大政策举措，规划重大工程项目，统筹协调全局性重大问题、全国共性问题，考核省级党委和政府扶贫开发工作成效。

省（自治区、直辖市）负总责：省级党委和政府对辖区内脱贫攻坚工作负总责，抓好目标确定、项目下达、资金投放、组织动员、监督考核等工作，确保辖区内贫困人口如期全部脱贫、贫困县如期全部摘帽。

市（地、州、盟）县抓落实：市级党委和政府要做好上下衔接、域内协调、督促检查工作，把精力集中在贫困县如期摘帽上。县级党委和政府承担主体责任，县委书记和县长是第一责任人，做好精准识别、进度安排、项目落地、资金使用、人力调配、推进实施等工作。

坚持专项扶贫、行业扶贫、社会扶贫互为补充的“三位一体”大扶贫格局。进一步健全东西部扶贫协作和党政机关、部队、人民团体、国有企业定点扶贫机制，发挥军队、武警部队优势支持脱贫攻坚，激励各类企业、社会组织、个人自愿采取包干方式参与扶贫。从纵向帮扶来看，中央和国家机关各部门要把精准扶贫作为分内职责，加强对本部门本行业精准扶贫的组织领导，运用部门职能和行业资源做好工作，做到扶贫项目优先安排、扶贫资金优先保障、扶贫工作优先对接、扶贫措施优先落实。从横向帮扶来看，要强化东西部扶贫协作，东部地区不仅要帮钱帮物，更要推动产业层面合作，推动东部地区人才、资金、技术向贫困地区流动，实现双方共赢。从大扶贫格局来看，要创新我国慈善事业制度，动员全社会力量广泛参与扶贫事业，鼓励支持各类企业、社会组织、个人参与脱贫攻坚。同时，要引导社会扶贫重心下沉，促进帮扶资源向贫困村和贫困户流动，实现同精准扶贫有效对接。

3. 精准施策：解决好“怎么扶”的问题

精准施策是精准扶贫的关键。开对了“药方子”，才能拔掉“穷根子”。贫困居民识别出来以后，针对贫困地区和贫困人口的具体情况确定帮扶措施，精准到户到人，确保帮扶效果。

（1）要创新扶贫理念。精准扶贫实践离不开科学扶贫理念的指导。

一是从“瞄准区域”具体到“瞄准个体”，从“粗放扶贫”转向“精准扶贫”，从“千篇一律”转向“量身定做”，采取不同的脱贫措施，对症下药、精准滴灌，把扶贫措施精准落实到每一村、每一户、每一人，帮到“最需户”、扶到关键点。

二是由被动的“结果扶持”提前到主动的“起点扶持”，把着眼点前移到贫困即将发生但还未发生时，防患于未然，由“扶贫”转向“防贫”。例如，对贫困户子女上高中、大学补助学杂费，为农村贫困人口代缴基本医疗保险费，构筑“贫困代际传递”以及“因病致贫、因病返贫”的防护墙。

三是从“生活扶持”转变到“能力扶持”，开展“参与式”扶贫，引导贫困群众“在学中干，在干中学”，让他们通过能力的提高实现脱贫致富，“授人以鱼”不如“授人以渔”。

（2）要按照贫困地区和贫困人口的具体情况，分别施策，实施“五个一批”工程。

一是发展生产脱贫一批。对贫困人口中有劳动能力、有耕地或其他资源，但缺资金、缺产业、缺技能的，要立足当地资源，宜农则农、宜林则林、宜牧则牧、宜商则商、宜游则游，通过扶持发展特色产业，实现就地脱贫。对这类贫困地区和贫困人口，应将精准施策重点放在改善生产生活条件上，着重加强农田水利、交通通信等基础设施和技术培训、教育医疗等公共服务建设，特别是要解决好入村入户等“最后一公里”问题。支持贫困地区农民在本地或外出务工、创业，这是短期内增收最直接见效的办法。

二是易地搬迁脱贫一批。对于居住在生存条件恶劣、生态环境脆弱、自然灾害频发，“一方水土养不活一方人”地区的农村贫困人口，加快实施易地扶贫搬迁，挪穷窝。要根据当地资源条件和环境承载能力，科学确定安置点，尽量搬迁到县城和交通便利的乡镇及中心村，促进就近就地转移，可以转为市民的就转为市民。在这个过程中，要坚持群众自愿、积极稳妥的原则，因地制宜选择搬迁安置方式，科学合理确定补助标准和住房建设标准，完善搬迁后续扶持政策，确保搬迁对象有业可就、稳定脱贫，做到搬得出、稳得住、能致富。

三是生态补偿脱贫一批。对于生活在生存条件差、但生态系统重要、需要保护修复的地区的农村贫困人口，可以结合生态环境保护和治理，探索一条生态脱贫的新路子。加大贫困地区生态保护修复力度，增加重点生态功能区转移支付，扩大国家退耕还林还草、天然林保护、防护林建设、石漠化治理、防沙治沙、湿地保护与恢复、坡耕地综合整治、退牧还草、水生态治理等重大生态工程的政策实施范围，结合建立国家公园体制，利用生态补偿和生态保护工程的部分资金使当地有劳动能力的部分贫困人口就地转为护林员等生态保护人员，使他们能够从保护生态中获得劳动报酬。

四是发展教育脱贫一批。治贫先治愚，扶贫先扶智。教育是阻断贫困代际传递的治本之策。发展贫困地区教育事业，让贫困家庭子女都能接受公平有质量的教育，对于促进农村贫困人口的人力资本建设、增强他们自身的生存和发展能力、提高贫困地区“造血”功能至关重要，而且还能够长期发挥作用。国家教育经费要继续向贫困地区倾斜、向基础教育倾斜、向职业教育倾斜，“特岗计划”“国培计划”同样要向贫困地区倾斜。要探索率先从建档立卡的贫困家庭学生开始实施普通高中教育免学（杂）费，落实中等职业教育免学（杂）费，帮助贫困地区改善办学条件，加大支持乡村教师队伍建设力度，对农村贫困家庭幼儿特别是留守儿童给予特殊关爱，探索建立贫困地区学前教育公共服务体系。

五是社会保障兜底一批。对于贫困人口中完全或部分丧失劳动能力的人，无法通过帮扶政策来脱贫，就要通过社会保障来兜底。具体而言，主要是统筹国家统一确定的农村扶贫标准和地方制定的农村低保标准，按照国家扶贫标准综合确定各地农村低保的最低指导标准，低保标准低的地区要逐步提高到国家扶贫标准，实现“两线合一”，发挥低保线兜底作用。同时，建立健全医疗保险和医疗救助制度，对因病致贫或返贫的农村贫困人口给予及时有效补偿和救助。

（3）精准施策，就是要做到“六个精准”。

一是扶贫对象精准。通过有效、合规的程序和方法，把贫困人口识别出来，实现“扶真贫”。在这方面，贵州等地在扶贫工作实践中，探索总结出了“一看房，二看粮，三看劳动力强不强，四看家中有没有读书郎，五看村容村貌怎么样”的“五看”法。

二是项目安排精准。根据资源优势，把产业项目与农民意愿相结合，“造血式”扶贫与“输血式”救济相结合，近期脱贫与长远致富相结合，鼓励贫困户通过发展产业来脱贫致富。

三是资金使用精准。在精准施策过程中，70%的扶贫资金要用到贫困户身上，其中的70%要用到发展产业上，按照“项目跟着规划走，资金跟着项目走，监督跟着资金走”的原则，将给贫困户发展的资金，投到有收益的项目上，提高财政资金分配和使用效率。

四是措施到位精准。按照“一户一本台账、一户一个脱贫计划、一户一套帮扶措施”的原则，将针对性帮扶措施精准到户，对自然条件恶劣的搬迁、家中有人患病的提供医疗保障、家中有人上学的通过助学金帮扶、丧失劳动能力的提供最低生活保障等。

五是因村派人精准。选派优秀干部到贫困村担任第一书记。主要从优秀大学生村官、创业致富能手、复退军人、返乡农民工或各级机关优秀年轻干部、后备干部和国有企事业单位优秀人员中选派，并给予项目、技术、信息、资金等配套扶持。

六是脱贫成效精准。贫困县摘帽、贫困村出列以及贫困户脱贫，都应该严格退出程序和标准，实行动态管理，做到贫困户有进有出，对贫困县摘帽该奖励的进行奖励、该继续扶助的予以扶助。

4. 精准退出：解决好“如何退”的问题

精准扶贫是为了精准脱贫。精准扶贫既要精准施策，也要以脱贫实效为依据，以群众认可为标准，建立严格、规范、透明的贫困退出机制，努力做到精准脱贫。

一是要设定时间表，实现有序退出。贫困县摘帽要和全面建成小康社会进程对表，有计划退出，既要防止拖延病，又要防止急躁症。

二是要留出缓冲期，在一定时间内实现摘帽不摘政策，以此保证贫困县摘帽后各方面扶持政策能够继续执行一段时间，让贫困县摘帽后能够有一个培育和巩固自我发展能力的过程。对于提前摘帽的贫困县，应给予奖励，形成正向激励，保证苦干实干先摘帽的不吃亏。

三是要严格评估，按照摘帽标准验收。贫困县摘帽以贫困发生率为主要衡量标准。具体的标准是中部地区贫困发生率下降到2%以下（西部地区下降到3%以下）。贫困村退出以贫困发生率为主要衡量标准，统筹考虑村内基础设施、基本公共服务、产业发展、集体经济收入等综合因素。原则上贫困村贫困发生率降至2%以下（西部地区降至3%以下），在乡镇内公示无异议后，公告退出。

四是实行逐户销号，做到脱贫到人。贫困人口退出以户为单位，主要衡量标准是该户年人均纯收入稳定超过国家扶贫标准且吃穿不愁，义务教育、基本医疗、住房安全有保障。贫困户退出，由村“两委”组织民主评议后提出，经村“两委”和驻村工作队核实、拟退出贫困户认可，在村内公示无异议后按程序公告退出，并在建档立卡贫困人口中销号。对建档立卡的贫困户实行动态管理，脱贫了逐户销号，返贫了重新录入，做到政策到户、脱贫到人、有进有出。对贫困户的帮扶措施，即使销号了也可以再保留一段时间，做到不稳定脱贫就不彻底脱钩。

三、走扶贫同扶志、扶智相结合的精准脱贫之路

习近平总书记强调，扶贫先扶志，扶贫必扶智。精准扶贫突出“志智双扶”的内源发展理念，强调走扶贫同扶志、扶智相结合的精准脱贫之路。打赢脱贫攻坚战，不仅需要各级党委政府凝心聚力，投入大量的资金和物资，为贫困群众“输血”，解决他们生产生活之急需，更应当重视扶志与扶智，激发贫困群众自我发展的内生动力。志和智，就是内力和内因。没有内在动力，仅靠外部帮扶，帮扶再多，也不能从根本上解决问题。如果扶贫不扶志，扶贫的目的就难以达到，即使一度脱贫，也可能会再度返贫。如果扶贫不扶智，就会知识匮乏、智力不足、身无长物，甚至造成贫困的代际传递。要从根本上摆脱贫困，必须智随志走、志以智强，实施“志智双扶”，才能激发活力，形成合力，从根本上铲除滋生贫穷的土壤。

1. 扶贫先扶志

扶贫工作中“输血”重要，“造血”更重要。扶志就是扶思想、扶观念、扶信心，帮助贫困群众树立起摆脱困境的斗志和勇气。脱贫致富终究要靠贫困群众用自己的辛勤劳动来实现。在脱贫攻坚中，一定要把扶贫与扶志有机地结合起来，既要送温暖，更要送志气、送信心。早在二十多年前，习近平在《摆脱贫困》著作中谈及扶贫工作时就强调，“弱鸟可望先飞，至贫可能先富，但能否实现‘先飞’、‘先富’，首先要看我们头脑里有无这种意识”，“贫困地区完全可能依靠自身的努力、政策、长处、优势在特定领域‘先飞’，以弥补贫困带来的劣势。”习近平指出，“只要有信心，黄土变成金。”贫困不是不可改变的宿命。人穷志不能短，扶贫必先扶志。没有比人更高的山，没有比脚更长的路。要做好对贫困地区干部群众的宣传、教育、培训、组织工作，让他们的心热起来、行动起来，引导他们树立“宁愿苦干、不愿苦熬”的观念，自力

更生、艰苦奋斗，靠辛勤劳动改变贫困落后面貌[①]。

在脱贫攻坚中，贫困群众既是脱贫攻坚的对象，更是脱贫致富的主体。要注重调动贫困群众的积极性、主动性、创造性，注重激发贫困地区和贫困群众脱贫致富的内在动力，注重培育贫困群众发展生产和务工经商的基本技能，注重提高贫困地区和贫困群众自我发展能力，防止忽视贫困群众的主体作用。现在，一些地方出现了“干部干，群众看”的现象。一些贫困群众“等靠要”思想严重，“靠着墙根晒太阳，等着别人送小康”，认为“扶贫是干部的事，反正干部立了军令状，完不成任务要撤职”。之所以会出现这种现象，既有群众的原因，也有干部的原因。一些地方工作还是老办法老路子，简单给钱给物，对群众的思想发动、宣传教育、感情沟通不到位，在调动贫困群众脱贫积极性、激活内生动力上做得不够。习近平总书记指出，要注重扶贫同扶志、扶智相结合，把贫困群众积极性和主动性充分调动起来，引导贫困群众树立主体意识，发扬自力更生精神，激发改变贫困面貌的干劲和决心，变“要我脱贫”为“我要脱贫”，靠自己的努力改变命运[②]。

贫困群众是脱贫攻坚的依靠，只有帮助他们扶起脱贫的志气、挺起脱贫的腰板，从思想上拔除穷根，引导他们形成艰苦奋斗、自强自立、苦干实干的精神状态，消除精神贫困，才能真正激发出持久的脱贫致富原动力。为此，一是要帮助贫困群众提高认识、更新观念、自立自强，唤起贫困群众自我脱贫的斗志和决心；二是要教育贫困群众树立起“勤劳光荣、懒惰可耻”的思想观念，鼓励他们依靠自己的双手摘掉贫困帽子；三是要积极为贫困群众搭台清障，提高他们脱贫致富的能力，坚定他们脱贫致富的信心。

2. 扶贫必扶智

摆脱贫困首要的并不是摆脱物质的贫困，而是摆脱意识和思路的贫

---

① 中共中央文献研究室. 习近平关于社会主义经济建设论述摘编. 北京：中央文献出版社，2017：229.

② 同①240.

困。扶智就是扶知识、扶技术、扶思路，帮助和指导贫困群众着力提升脱贫致富的综合素质。习近平总书记多次强调，“扶贫必扶智”“阻止贫困代际传递”。教育是阻断贫困代际传递的治本之策。2015年9月9日，习近平在给“国培计划（2014）”北师大贵州研修班参训教师的回信中说道：“扶贫必扶智。让贫困地区的孩子们接受良好教育，是扶贫开发的重要任务，也是阻断贫困代际传递的重要途径。”2015年全国“两会”期间，习近平总书记在参加代表团审议时指出：“扶贫先扶智，绝不能让贫困家庭的孩子输在起跑线上，坚决阻止贫困代际传递。”

习近平指出，贫困并不可怕，怕的是智力不足、头脑空空，怕的是知识匮乏、精神委顿。脱贫致富不仅要注意“富口袋”，更要注意“富脑袋”①。因此，一是要紧紧抓住教育扶贫这个根本。精准扶贫，扶“钱”不如扶“智”，扶“今天”更要扶“明天”。要千方百计让贫困地区的孩子们接受公平而有质量的教育，阻断贫困代际传递。要加大资金支持力度，实施教育扶贫，统筹中央、地方财力向教育脱贫任务较重的地区和重点村倾斜、向基础教育倾斜、向职业教育倾斜，打好教育脱贫攻坚战。要采取免、减、奖、贷、助、补等多种方式，确保每个贫困孩子在各个教育阶段“有学上”“上得起”，决不让一名贫困学生因家庭经济困难而失学，不让贫困地区孩子输在起跑线上。要重点抓好中等职业教育，向建档立卡贫困家庭子女全面免除学杂费，让他们“只要一技在手，全家脱贫有望”。二是通过技能培训提高贫困群众素质。技能培训是帮助贫困群众脱贫最直接最有效的途径。技能培训不能搞“大水漫灌”、大而化之、简单重复，一定要因人而异、按需供给，在开展技能培训前首先要进行需求调研，充分了解贫困群众所思所盼、所需所求。要本着“需要什么，培训什么；缺什么，补什么”的原则，结合产业发展和转移就业需要，并根据贫困群众的实际需求量身定制、量体裁衣，真正发挥技能培训立竿见影的功效。在技能培

---

① 中共中央文献研究室．习近平关于社会主义经济建设论述摘编．北京：中央文献出版社，2017：232.

训过程中，既要注重把脱贫致富先进典型“引进来”现身说法、手把手教，也要组织贫困群众适当“走出去”开阔眼界、上门学习；既要有的放矢加强致富知识和技能的培训，也要让贫困群众在产业发展实践中长见识、长本领。

第七章

推动实施健康中国战略

7

推动实施健康中国战略*

* 本章内容，如无特别注明，引用文字皆来自 2016 年习近平总书记在全国卫生与健康大会上的讲话要点。

“没有全民健康，就没有全面小康”“人民身体健康是全面建成小康社会的重要内涵”①，党的十八大以来，以习近平同志为核心的党中央统揽全局，从党和国家事业发展的全局出发，作出了推动健康中国建设的重大部署。党的十九大报告提出“人民健康是民族昌盛和国家富强的重要标志”，体现了党和国家对人民健康的高度重视，体现了“健康中国”这一国家战略的重要地位。

一、人民健康是民族昌盛和国家富强的重要标志

健康是促进人的全面发展的必然要求，是经济社会发展的基础条件，是民族昌盛和国家富强的重要标志，也是广大人民群众的共同追求。推进健康中国建设，有利于实现发展成果由人民共享，是我们党以人为本、执政为民的重要体现，是为实现“两个一百年”奋斗目标提供健康支撑的必然要求。

1. 深刻把握健康中国战略对新时代中国特色社会主义事业的重要意义

健康中国是人民对美好生活的向往，是党的初心和使命。2013 年 8 月，习近平总书记在会见全国体育先进单位和先进个人代表时指出，人民身体健康“是每一个人成长和实现幸福生活的重要基础”。党的十九大报告指出，“人民对美好生活的向往，就是我们的奋斗目标”。健康，既是个体幸福的起点，也是国家繁荣、民族复兴的根本，更是人类社会发展的永恒追求。在革命时期，中央苏区基层即有工农医院、群众医

---

① 2013 年 8 月，习近平总书记在会见全国体育先进单位和先进个人代表时指出，“人民身体健康是全面建成小康社会的重要内涵”；2014 年 12 月，习近平总书记在江苏镇江丹徒区世业镇卫生院考察时提出“没有全民健康，就没有全面小康”。此后，在多个重要场合中，他都谈到了这一观点。

院、贫民看病所、公共诊疗所等各类医疗机构[①]，建立了类似于合作医疗的互济会制度；在建设时期，农村建立了农村合作医疗、乡镇卫生院和赤脚医生三位一体的体系，被世界卫生组织誉为“发展中国家解决卫生经费的唯一范例”，城市则建立了以省、地、县三级卫生防疫网为基础的城市医疗预防网络，并建立了公费医疗和劳保医疗制度；在改革时期，党和政府开始了全面深化医药卫生体制改革的新征程，为农民建立了新型合作医疗制度，为城市居民建立了城镇居民医疗保险制度。

健康中国是社会协调发展、共享发展的应有之义。发展经济的根本目的是更好地保障和改善民生。过去民生的要求是基本和相对单一的，现在人民群众收入稳步提升，优质医疗服务、教育公平等更多层次的需求开始显现。人民群众对医疗卫生的要求已不再是能治病、治好病，还要求能预防疾病、能改善看病体验，甚至是能拥有更加多元化、个性化的医疗选择。同时人民对健康也有了更高的要求。推动健康中国建设是经济与社会协调发展、人民群众共享发展的最佳体现。人民群众的身心健康水平提高了，反过来也会促进经济社会的健康与可持续发展。

健康中国是国家安全与社会稳定的重要基础。人民健康，社会才能良性运转，国家才能稳定安全。人民的健康水平高，获得感就会强，社会就会充满活力而和谐有序。人民的健康水平高，也意味着国家有更强大的综合国力和可持续发展的能力。目前，一方面，我国居民体格发育与营养状况总体获得了改善，人均预期寿命逐年增长，疾病控制工作取得了巨大的成就；但是另一方面，超重肥胖问题却日益凸显、慢性病增加、亚健康问题突出。健康中国建设依然任重道远，必须从国家层面统筹谋划推进。

2. 深刻理解健康中国建设的全方位性和系统性

习近平总书记指出，要“以普及健康生活、优化健康服务、完善健

---

① 顾鑫伟，刘善玖. 试论中央苏区医疗卫生管理体制建立与完善. 赣南医学院学报，2006（10）：807-808.

康保障、建设健康环境、发展健康产业为重点，加快推进健康中国建设，努力全方位、全周期保障人民健康”。因此，健康不仅仅是治病，而是包含预防、治疗、康复、安宁等一系列的健康全链条管理与服务优化，更是包含健康理念宣传、健康行为转变、健康环境维护、健康心理营造等全方位的健康环境再造，也是政府、市场、社会组织、社区、家庭和个人通力合作，人人参与、人人负责、人人享有的健康治理格局的形成。因此健康中国建设是一个全方位、系统性的复杂工程，需多管齐下。

要“树立大卫生、大健康的观念”。大健康理念是一种全局性理念，它根据社会发展和人民需求的改变，倡导对生命全过程、全周期的全面呵护，追求的不仅是个体身体健康，还包含精神、心理、社会、环境、道德等各方面的健康，它不仅围绕人的生老病死，还关照人的衣食住行，关照各类影响健康的危险因素和误区。

要“把以治病为中心转变为以人民健康为中心”，要“坚定不移贯彻预防为主方针，坚持防治结合、联防联控、群防群控”。预防是防患于未然，是“治病治‘未病’”理念的体现。不生病、少生病与治好病一样重要，它不仅可以减轻居民看病的负担、提升生活质量，而且可以从根本上缓解整个社会医疗服务体系的紧张与高投入的现状。“预防是最经济最有效的健康策略”①。注重预防，要从提高全民身体素质入手，完善全民健身的公共服务体系，广泛开展全民健身运动，加强体医融合和非医疗健康干预；注重预防，要重视重大疾病防控，优化防治策略，最大程度减少人群患病；注重预防，要建立健全健康教育体系，提升全民健康素养。

要坚持中西医并重，充分发挥中医的作用。实践经验证明，中医在预防疾病特别是慢性疾病方面具有较强的优势，在 2020 年新冠肺炎疫情防控中，中医发挥了较大的作用。2020 年 6 月 2 日，习近平在专家学

① 国务院关于实施健康中国行动的意见.（2019-07-15）. http://www.gov.cn/zhengce/content/2019-07/15/content_5409492.htm.

者座谈会上指出，中西医结合、中西药并用，是这次疫情防控的一大特点，也是中医药传承精华、守正创新的生动实践。《“健康中国2030”规划纲要》提出要“实施中医治未病健康工程，将中医药优势与健康管理结合，探索融健康文化、健康管理、健康保险为一体的中医健康保障模式”。

要以基层为重点，以改革创新为动力。健康中国建设要以基层为重点，充分发挥基层在预防疾病、维护健康方面的重要作用，同时增强基层医疗服务能力，促使医疗资源真正下沉，引导病人合理就医。社区重点发挥基础性的宣传、教育、预防、监测和健康行为养成的作用。要以改善其居民健康为目标，对影响社区居民健康的因素进行分析，对社区居民健康需要、健康风险进行评估，制定社区健康管理的干预计划，开展健康教育、膳食指导、运动锻炼、不良环境改造等综合的社区健康管理活动。社区卫生机构要发挥其核心作用，重点做好对本社区居民健康档案的管理、慢性病管理、重点人群健康监测和干预，社区各类组织包括居委会、物业管理委员会、社区社会组织等应通力协作，做好社区卫生各项工作，要重点发挥基层组织在控烟控酒、药物滥用、不安全性行为等方面的健康综合治理工作。

要倡导健康文明的生活方式。人人参与、人人尽力、人人享有是推进健康中国的根本保证。个人应作为自身健康的第一责任人，管理好健康。要加强健康宣传和教育，增长人民的健康知识，通过引导合理饮食、开展控烟限酒、促进心理健康、减少不安全性行为、宣讲毒品危害和开展全民健身运动等使人们具备一定的健康维护能力，具备处理突发性疾病和意外伤害的能力，形成自己的养生保健模式。2019 年健康中国行动推进委员会发布《健康中国行动（2019—2030 年）》，开展健康知识普及行动、合理膳食行动、全民健身行动、控烟行动等 15 项重大行动，充分体现了对健康生活方式的重视。

要“将健康融入所有政策，人民共建共享”。要将促进健康的理念融入公共政策制定和实施的全过程，对重要经济社会发展规划和项目进行健康影响评估。具体而言是要求经济社会的发展模式、公共服务的供给方式、生态环境和生活方式的改善等必须纳入健康要素，以健康与经济社会良性协调发展为基本原则和最终目的。要加大健康财政投入、健康政策产出，综合考虑各类政策对促进健康发展的作用，全面建立健康影响评价评估制度，系统评估各项经济社会发展规划和政策、重大工程项目对健康的影响。

3. 着力强化健康中国建设的责任担当

推进健康中国建设，应强化各级党委、政府的责任担当。健康中国建设，是我们党对人民的郑重承诺。各级党委和政府要把这项重大民心工程摆上重要日程，强化责任担当，狠抓推动落实。首先要加大对健康的财政投入，包括医疗卫生投入、全民健身公共设施投入、边远地区和农村地区的健康投入、重点人群的健康干预和重点疾病的防控投入等；其次要均衡配置医疗服务资源，加强医疗卫生资源的整体规划，构建分工明确、功能互补的医疗服务体系；再次要强化制度供给，加快建立健全健康政策和法律法规体系；又次要加强对健康领域的专业监管，特别是对公立健康机构的管理；最后是加强评估考核，要把医药卫生体制改革纳入全面深化改革中，同步骤、同要求、同考核，支持地方因地制宜、差别化探索。

推进健康中国建设，应致力于融入全球健康治理新格局。随着世界全球化的发展和中国国际地位的提高，中国在履行国际义务、参与全球健康治理方面也取得了重要进展，全面展示了我国的国际人道主义和负责任大国形象，国际社会也给予广泛好评。在 2020 年全球新冠肺炎疫情大流行中，中国举全国之力，采取最全面、最彻底的防控举措，为世界疫情防控赢得了宝贵的时间。疫情期间，中国及时公布信息、共享数据，秉持公开透明和对全球卫生安全负责的态度，积极配合世界卫生组织和有关国家、地区有效合作，为世界抗疫做出了中国贡献。此外，中国还积极参与健康相关领域国际标准、规范等的研究和谈判，完善我国参与国际重特大突发公共卫生事件应对的紧急援外工作机制，加强同“一带一路”沿线国家卫生与健康领域的合作。

二、建立优质高效的医疗卫生服务体系

党的十八大以来，党中央高度重视医疗卫生服务体系的改革，特别是全国卫生与健康大会召开以来，改革更是进入提速阶段。仅 2016 年一年，党中央、国务院共部署了 10 个方面 50 项重点医改任务，印发实施健康相关重要政策文件 20 余个。而在十八届中央全面深化改革领导小组（简称中央深改组）召开的 38 次会议中，有 11 次与医改有关。党的十九届中央深改组第一次会议也与医改有关。当前，医药卫生体制改革已进入深水区，到了啃硬骨头的攻坚期，要着力将医疗卫生体制改革任务落到实处。

1. 要坚持基本医疗卫生事业的公益性

习近平总书记强调："要坚持基本医疗卫生事业的公益性，不断完善制度、扩展服务、提高质量，让广大人民群众享有公平可及、系统连续的预防、治疗、康复、健康促进等健康服务……让全体人民公平获得。要坚持正确处理政府和市场关系，在基本医疗卫生服务领域政府要有所为，在非基本医疗卫生服务领域市场要有活力。"基本医疗卫生事业属于基本公共服务的一部分，要着重体现其公平性、均等化，要注重发挥政府在基本医疗服务体系中的作用，不断加大财政投入，投入要重点用于基本医疗卫生服务，不断完善制度、扩展服务、提高质量，让广大人民群众享有公平可及的健康服务。

在医改中，"以药养医"问题是长期以来的痼疾。2015 年 4 月，习近平总书记主持召开的中央深改组第十一次会议审议通过了《关于城市公立医院综合改革试点的指导意见》，提出破除公立医院逐利机制，直指"以药养医"的问题。2017 年《关于全面推开公立医院综合改革工作的通知》要求，2017 年 9 月 30 日前，全面推开公立医院综合改革，所有公立医院全部取消药品加成（中药饮片除外）。近年来，我国医疗机构收入结构持续优化，医药费用过快增长势头得到初步遏制，个人卫生支出占卫生总费用比重由最高时 2001 年的 59.97%下降到 2018 年的 24.79%[①]。

2. 要不断提高医疗卫生服务质量和水平

提高医疗卫生服务质量和水平是改善人民医疗服务体验的根本之所在。要着力推进基本医疗卫生制度建设，努力在分级诊疗制度、现代医院管理制度、全民医保制度、药品供应保障制度、综合监管制度等 5 项基本医疗卫生制度建设上取得突破。

第一，全面建立分级诊疗制度。保基本、强基层、建机制是医改的重心。医疗资源总量不足、配置不均衡是医改的基本矛盾，其中基层医疗资源不足、服务能力弱的矛盾尤为突出。建立分工明确的医疗服务结构，推动医疗服务重心下移和诊疗资源下沉是缓解这一矛盾的关键对策，而推动医疗联合体建设、社会化办医与互联网医疗是有效抓手。党的十八大以来，医改在推动分级诊疗方面做了大量的工作，如 2015 年发布《关于推进分级诊疗制度建设的指导意见》、2016 年发布《关于推进家庭医生签约服务的指导意见》、2017 年发布《关于推进医疗联合体建设和发展的指导意见》、2018 年发布《关于进一步做好分级诊疗制度建设有关重点工作的通知》等。

第二，建立健全现代医院管理制度。现代医院管理制度是基本卫生制度体系的关键一环，具有“立柱架梁”的作用，其目的是理顺医院的内部与外部治理结构，赋予医院特别是公立医院在医疗服务领域中的自主运行权，强化公立医院的公益性，强化党对公立医院的领导。2017 年国务院办公厅《关于建立现代医院管理制度的指导意见》明确要求，到 2020 年，基本形成维护公益性、调动积极性、保障可持续的公立医院运行新机制和决策、执行、监督相互协调、相互制衡、相互促进的治理机

① 国家卫生健康委员会. 中国卫生健康统计年鉴 2019. 北京：中国协和医科大学出版社，2019.

制，促进社会办医健康发展，推动各级各类医院管理规范化、精细化、科学化，基本建立权责清晰、管理科学、治理完善、运行高效、监督有力的现代医院管理制度。

第三，改革药品生产流通使用政策。2016 年 2 月 3 日，在考察江中药谷制造基地时，习近平总书记指出，医疗保健是全面建成小康社会的重要方面，要下大力气抓好，生产廉价、高效、优质、群众需要的药品，杜绝假冒伪劣，切实保障老百姓的生命健康权益。2017 年初，国务院办公厅《关于进一步改革完善药品生产流通使用政策的若干意见》发布，深入开展药品审评审批改革，鼓励国外创新药尽早到中国开展临床实验，鼓励儿童短缺药剂的产品注册、申报，加快评审。2017 年 4 月 18 日，中央深改组会议专门研究短缺药品问题，指出要改革完善短缺药品供应保障机制，并审议通过了《关于改革完善短缺药品供应保障机制的实施意见》。此外，医保谈判和药品集采也是重要的政策手段。2015 年开始药品集采步伐加快，2018 年中央全面深化改革委员会（简称中央深改委）审议通过了《国家组织药品集中采购试点方案》，2019 年国务院办公厅印发《国家组织药品集中采购和使用试点方案》，通过集采，药品的价格水分不断被挤出，为医疗服务价格的合理调整和医院收入结构的合理化创造了“腾笼换鸟”的空间。

第四，推动中医药振兴发展。“中医药学是中国古代科学的瑰宝，也是打开中华文明宝库的钥匙。”① 提高医疗服务水平要坚持中西医并重，要推动中医药和西医药相互补充、协调发展，努力实现中医药健康养生文化的创造性转化、创新性发展。“当前，中医药振兴发展迎来天时、地利、人和的大好时机，希望广大中医药工作者增强民族自信，勇攀医学高峰，深入发掘中医药宝库中的精华，充分发挥中医药的独特优势，推进中医药现代化，推动中医药走向世界，切实把中医药这一祖先

---

① 习近平致中国中医科学院成立 60 周年贺信.（2015-12-22）. http://www.xinhuanet.com/politics/2015-12/22/c_1117546203.htm.

留给我们的宝贵财富继承好、发展好、利用好，在建设健康中国、实现中国梦的伟大征程中谱写新的篇章。”①

第五，提高基本医疗保障水平。医保是民生事业的头等大事。能看病、看得起病事关老百姓的生命健康、生活质量，这其中医保作用巨大。党的十八大以来，党和政府高度关注医疗保障事业的改革与发展，不断提高医疗报销水平和统筹层次，统筹城乡医保发展、加快转移接续步伐，加快全国联网和跨省异地就医结算。目前，我国基本医疗保障网基本覆盖城乡，参保率稳定在 95%以上，大病保险惠及 10 亿多居民，居民的医疗报销水平不断提高。如 2019 年，职工医保政策范围内住院费用基金支付 85.8%，居民医保政策范围内住院费用基金支付 68.8%，个人负担费用在不断降低②。

3. 要注重发挥医务人员的改革积极性

习近平总书记指出，长期以来，我国广大卫生与健康工作者弘扬“敬佑生命、救死扶伤、甘于奉献、大爱无疆”的精神，全心全意为人民服务，特别是在面对重大传染病威胁、抗击重大自然灾害时，广大卫生与健康工作者临危不惧、义无反顾、勇往直前、舍己救人。2020 年抗击新冠肺炎疫情更是彰显了医务人员的担当，赢得了全社会的赞誉。发挥医务人员的积极性，需要全社会对医务人员的尊重、理解与支持，要营造全社会尊医重卫的良好风气。

发挥医务人员的积极性，要落到实处，要从提升薪酬待遇、发展空间、职业环境、社会地位等方面入手，关心爱护义务人员身心健康，通过多种形式增强医务人员职业荣誉感。要积极稳妥推进公立医院编制改革，释放医务技术人员的劳动力价值；要不断提高医务人员的待遇水平，使医务人员的专业技术价值与其收入相匹配，医改的成果要体现到

---

① 习近平致中国中医科学院成立 60 周年贺信.（2015-12-22）. http://www.xinhuanet.com/politics/2015-12/22/c_1117546203.htm.

② 2019 年全国医疗保障事业发展统计公报.（2020-06-24）. http://www.nhsa.gov.cn/art/2020/6/24/art_7_3268.html.

医务人员的待遇改善上；要不断改善医务人员的职业发展环境，改革职称评审制度。

发挥医务人员的积极性要关爱医务人员健康，保护医务人员安全。当前医患关系比较紧张，社会屡屡发生暴力伤医事件，这是一个严重的社会问题，它不是由患者或医生单方面造成的，而是医疗卫生体系结构性矛盾的体现。缓解医患矛盾要严厉依法打击涉医违法犯罪行为特别是伤害医务人员的暴力犯罪行为，保护医务人员安全，保障医务人员正常、安全的执业环境。媒体在发挥自身监管作用的同时，要注重正能量的宣传与医患关系的沟通，营造良好的社会氛围，更加注重对健康与疾病知识的普及。广大卫生与健康工作者要培育和践行社会主义核心价值观，强化医德医风建设和行业自律，为人民提供最好的卫生与健康服务；患者则要理性就医，客观对待诊疗结果和诊疗方案。

4. 要重视重大疾病防控和优化防治策略

维护人民群众健康，公共卫生是重要防线。2015 年 11 月 25 日，习近平总书记对埃博拉出血热疫情防控总结表彰作出重要指示：“始终把广大人民群众健康安全摆在首要位置，……切实做好传染病防控和突发公共卫生事件应对工作。”2020 年暴发的新冠肺炎疫情更是凸显公共卫生工作的重要性。2020 年 5 月 8 日，在党外人士座谈会上，习近平指出，这次应对新冠肺炎疫情，暴露出我国在重大疫情防控体制机制、公共卫生体系等方面存在的一些短板，要改善疾病预防控制体系，建设平战结合的重大疫情防控救治体系，健全应急物资保障体系，加快构建关键核心技术攻关新型举国体制，深入开展爱国卫生运动，不断完善我国公共卫生体系，切实提高应对突发重大公共卫生事件的能力和水平。

一要重视重点人群的健康。重视少年儿童健康，全面加强幼儿园、中小学的卫生与健康工作，加大健康知识宣传力度，提高学生主动防病意识，有针对性地实施贫困地区学生营养餐或营养包行动，保障生长发育。要为老年人提供连续的健康管理服务和医疗服务。要关注流动人口健康问题，深入实施健康扶贫工程。要保障妇女基本医疗卫生服务，特别是要关注农村妇女、残疾妇女、流动妇女、中老年妇女、少数民族妇女的健康需求。要重视贫困人口的健康工作，通过健康扶贫工程，保障农村贫困人口享有基本医疗卫生服务，努力防止因病致贫、因病返贫。在第25个世界艾滋病日到来之际，习近平总书记在北京丰台区看望艾滋病患者时指出："防治艾滋病是一个复杂的医学问题，也是一个紧迫的民生问题、社会问题，需要全民参与、全力投入、全面预防。要从个人健康、家庭幸福、社会和谐的角度，看待艾滋病防治工作。"

二要深入持久地开展爱国卫生运动。贯彻《关于进一步加强新时期爱国卫生工作的意见》，抓好改水改厕、病媒生物防制、卫生城镇创建、城乡环境卫生整洁行动、健康城市建设等工作。习近平总书记高度重视"厕所革命"，2015年4月曾作出重要指示，强调抓"厕所革命"的重要性。在国内考察调研时，他在农户家里经常问起村民使用的是水厕还是旱厕，在视察村容村貌时也会了解相关情况，多次强调"厕所革命"对新农村建设、乡村振兴的重要性。

三要加强对重大疾病的预防控制。坚持预防为主、因病施策，严控传染病疫情，实施慢性病综合防控，健全重大疾病防治保障机制。强化慢性病筛查和早发现，到2030年，实现全人群、全生命周期的慢性病健康管理，总体癌症5年生存率提高15%。完善传染病监测预警机制，继续实施扩大国家免疫计划，加强艾滋病检测、抗病毒治疗和随访管理，建立结核病防治综合服务模式，有效应对流感、手足口病、登革热、麻疹等重点传染病疫情。

四要持续提高基本公共卫生服务水平。通过建立项目管理协作机制、完善考核制度、强化基层领导等，真正让群众受益。推进基本公共卫生服务的均等化，继续实施完善国家基本公共卫生服务项目和重大公共卫生服务项目，加强疾病经济负担研究，适时调整项目经费标准，不断丰富和拓展服务内容，提高服务质量，使城乡居民享有均等化的基本公共卫生服务，做好流动人口基本公共卫生计生服务均等化工作。

五要切实加强疾控机构能力建设。加快执行《关于疾病预防控制中心机构编制标准的指导意见》，认真落实国务院常务会议确定的加强传染病防治人员安全防护的政策措施，积极探索建立符合行业特点的公共卫生医师培养制度。2020 年的新冠肺炎疫情凸显公共卫生体系特别是疾控体系在公共卫生突发事件中的重要作用，也暴露出诸多短板。未来加强疾控体系的能力建设将成为改革的重心之一。2020 年国家发改委《公共卫生防控救治能力建设方案》提出，要加强疾病预防控制体系现代化建设，全面改善疾控机构设施设备条件、提升疾控中心的疫情发现和现场处置能力。

三、培育自尊自信、理性平和、积极向上的社会心态

2006 年，《中共中央关于构建社会主义和谐社会若干重大问题的决定》在“建设和谐文化，巩固社会和谐的思想道德基础”一节提出要“加强心理健康教育和保健，健全心理咨询网络，塑造自尊自信、理性平和、积极向上的社会心态”。“十二五”规划就群众性精神文明创建活动，提出了“培育奋发进取、理性平和、开放包容的社会心态”的要求。党的十八大报告明确强调：“加强和改进思想政治工作，注重人文关怀和心理疏导，培育自尊自信、理性平和、积极向上的社会心态。”“十三五”规划虽没有对社会心态着墨，但从化解社会矛盾方面，指出了健全社会心理服务体系的重要性。2016 年，在全国卫生与健康大会上，习近平总书记强调“要加大心理健康问题基础性研究，做好心理健康知识和心理疾病科普工作，规范发展心理治疗、心理咨询等心理健康服务”，将社会心理健康放到大健康的层面予以强调。《“健康中国 2030”规划纲要》提出，要“加强心理健康服务体系建设和规范化管理。加大全民心理健康科普宣传力度，提升心理健康素养”。从对社会心态的重视逐渐发展为对社会心理健康的强调，是对我国进入新时代，社会心理态势发生重要转变的准确把握。党的十九大报告提出“加强社会心理服务体系建设，培育自尊自信、理性平和、积极向上的社会心态”，从社

会治理的角度，给出了社会心态建设的目标和路径。社会心态建设所涉范畴更加广泛，路径也更加专业化。

1. 良好的社会心态是社会和谐运转的基础

良好的精神状态，是做好一切工作的重要前提。党的十六届六中全会第一次提出“社会心态”问题，并将其作为和谐社会建设的重要一环来论述。心态健康是健康社会的重要表现，它不仅表现为人与人关系的和谐，还表现为个体内在身心状态的健康积极。一个拥有积极心态与和谐人际关系的社会，是一个充满了正能量的社会，是一个和谐社会、健康社会。当前，我国正处于经济社会快速转型期，人们的生活节奏明显加快，竞争压力不断加剧，个体心理行为问题及其引发的社会问题日益凸显。一方面，心理行为异常和常见精神障碍人数逐年增多，个人极端情绪引发的恶性案件时有发生，成为影响社会稳定和公共安全的危险因素；另一方面，心理健康服务体系不健全，政策法规不完善，社会心理疏导工作机制尚未建立，服务和管理能力严重滞后。现有的心理健康服务状况远远不能满足人民群众的需求及经济建设的需要。加强心理健康服务、健全社会心理服务体系迫在眉睫。

2. 培育积极的社会心态要以社会主义核心价值观为引领

社会心态是整个社会或群体中的宏观社会心境状态，是个体态度、观念的总和与深层结构，它凝结并聚焦于社会的核心价值观，也受到社会核心价值观的深刻影响。社会主义核心价值观是社会主义制度在思想和精神层面的凝结，是中国特色社会主义道路、理论、制度和文化的价值表达，体现了社会主义意识形态的本质要求。社会主义核心价值观是“应然”的价值要求，而社会心态则是社会即时性的心理反应，是“实然”表达。因此，社会主义核心价值观必然也理应对社会心态进行调节和规约。

要以社会主义核心价值观引领人们的理想追求。“理想信念是共产党人精神上的‘钙’”①，对广大人民群众来说，理想信念也是形成健康社会心态的主心骨。社会主义核心价值观体现了发展中国特色社会主义的宏伟目标和价值追求，如“富强、民主、文明、和谐”等，应该用它们来引领全社会的理想信念。要以社会主义核心价值观引领人们的社会认知。社会心态说到底是对社会现象的一种评价和认知，而人的认知则受到心理状态、生活经验、认知结构等各种复杂因素的影响。当前社会问题比较复杂，应该用“自由、平等、公正、法治”等核心价值理念来引领人民理性看待生活中的问题，理解党的历次报告中屡次强调的公平正义始终是中国特色社会主义社会的内在要求，理解习近平总书记在2018新年贺词中所说“以造福人民为最大政绩，想群众之所想，急群众之所急，让人民生活更加幸福美满”，正确看待中国在发展中的问题，增强道路自信和制度自信。

3. 培育积极的社会心态首要的是让人民群众有更多的获得感

良好社会心态的获得是建立于对人民需求有效回应的基础上的。人民有了获得感、幸福感和满足感就会有一个理性平和的心态，而人民只有在日常生活实践中受到了尊重，得到了公正公平的对待，才能有一个自尊自信、积极向上的心态，因此社会心态建设的根本是有效回应人民群众的需求。

“人民对美好生活的向往，就是我们的奋斗目标。”② 随着社会的发展，人民期盼有更好的教育、更稳定的工作、更满意的收入、更可靠的社会保障、更高水平的医疗卫生服务、更舒适的居住条件、更优美的环境，期盼孩子们能成长得更好、工作得更好、生活得更好。我们党是全心全意为人民服务的政党，坚持改善人民生活，让人民得到真正实惠是坚持立党为公、执政为民的本质要求，是党和人民事业不断发展的重要

---

① 中共中央宣传部. 习近平总书记系列重要讲话读本（2016年版）. 北京：学习出版社，2016：106.

② 中共中央文献研究室. 习近平关于社会主义社会建设论述摘编. 北京：中央文献出版社，2017：1.

保证，也是衡量一切工作成效的终极尺度。2015 年 2 月 27 日，在中央全面深化改革领导小组第十次会议上，习近平总书记指出，要“让人民群众有更多获得感”，要把实现好、维护好、发展好最广大人民的根本利益作为一切工作的出发点和落脚点，要不断解决人民最关心最直接最现实的利益问题。“治国有常，而利民为本”①，只有满足人民需要，才能让人民从根本上拥有获得感和满足感，才能产生正面、积极的心态。

4. 培育积极的社会心态需要进一步加强社会心理服务工作

首先，健全心理健康服务体系，增强服务能力。构建社区、学校、单位的基层心理教育服务平台、专业心理咨询服务机构的社会化心理服务网络、政府主导的各类心理健康医疗机构以及各部门各行业的心理健康服务平台网络；增强各类机构、组织和平台的心理健康服务能力，综合利用专业心理工作者、社会工作者、志愿者积极参与健康心理宣传教育和心理疏导；提高各类医疗机构的心理健康服务能力，普及心理咨询、治疗技术在临床诊疗中的应用，对各类临床科室义务人员开展心理健康知识和技能培训；等等。

其次，大力发展各类心理健康服务。社会要全面开展心理健康教育与促进活动、结合社会主义核心价值观的培育活动、优秀传统文化复兴活动等，广泛开展各类心理健康教育文化活动，利用“两微一端”、广播电视、书刊、影视、动漫游戏等形式，创作更健康、群众更加喜闻乐见的宣传品，传播正能量、倡导健康生活方式。积极推动心理咨询和心理治疗服务，充分发挥心理健康专业人员的引导和支持作用，帮助个人更好地发展潜能，解决心理困惑和心理疾病，提升幸福感。

再次，加强重点人群心理健康服务。普遍开展职业人群心理健康服务，深入开展员工心理支持、评估、疏导和援助工作；全面加强儿童青少年心理健康教育，各类教育机构要根据青少年儿童的生理发展需要，开展有针对性的心理健康教育，培养健康的心理品质，重视心理危机干

---

① 2016 年 11 月 19 日，习近平总书记在亚太经合组织工商领导人峰会上引用古语。

预；关注老年人、妇女和残疾人的心理健康问题，各级各类老年、妇女、儿童和残疾人组织机构要通过多种手段，宣传心理健康知识，重视引入专业社会力量参与；高度关注特殊人群的心理健康服务，如流浪乞讨人员、服刑人员、刑满释放人员、强制隔离戒毒人员、社区矫正人员、社会吸毒人员、严重精神障碍患者等，加强心理疏导和危机干预，提高适应能力和抗挫折能力。

最后，加强心理健康人才队伍建设。第一，要加强心理健康专业人才培养。教育部门要加大应用型心理健康专业人才培养力度，完善临床与咨询心理学、应用心理学等相关专业的学科建设，逐步形成学历教育、毕业后教育、继续教育相结合的心理健康专业人才培养制度；人力资源社会保障部门要加强心理咨询师资格鉴定的规范管理，进一步完善全国统一的心理咨询师国家标准；卫生计生部门要进一步加强心理健康专业人员培养和使用的制度建设，鼓励各类医疗机构引进临床与咨询心理、社会工作专业的人才。第二，要完善心理健康服务人才激励机制，逐步将心理健康服务人才纳入专业技术岗位设置与管理体系，畅通职业发展渠道。在医疗服务价格改革中，要注重体现心理治疗服务的技术劳务价值。第三，要积极发挥心理健康服务的行业组织的作用，对各部门各领域开展心理健康服务提供技术支持和指导，建立行规行约和行业自律制度，通过健全的信息管理、专业的职业评估建立良好的行业运行机制。

5. 培育积极的社会心态要合理引导群众的心理预期

预期影响心情和行为，是无形的心理力量，良好的心理预期能产生正面积极的效应，而不良预期则会产生负面效应。在全面建成小康社会的关键时期，在中国经济从高速增长转向高质量增长的关键时期，社会预期的传导性强，极易形成叠加效应，影响社会的稳定与和谐。

“引导预期”的说法起初出现在经济发展工作中，一个重要原因是引导预期本就是宏观经济管理的一种重要手段。2015 年 12 月，中央经济会议指出，实施宏观调控，要更加注重引导市场行为和社会心理预期。2016 年 7 月 8 日，习近平总书记在主持召开经济形势专家座谈会时提出："引导好发展预期，用稳定的宏观经济政策稳定社会预期，用重大改革举措落地增强发展信心。" 2016 年 12 月，中央经济工作会议再次强调"要加强预期引导，提高政府公信力"。后来，"引导预期"的提法又逐渐在民生事业发展中被使用。党的十八届五中全会通过的《关于制定国民经济和社会发展第十三个五年规划的建议》将"引导预期"写入了"坚持共享发展，着力增进人民福祉"一节，提出："按照人人参与、人人尽力、人人享有的要求，坚守底线、突出重点、完善制度、引导预期，注重机会公平，保障基本民生，实现全体人民共同迈入全面小康社会。"党的十九大在谈到民生工作时，提出："坚持人人尽责、人人享有，坚守底线、突出重点、完善制度、引导预期，完善公共服务体系，保障群众基本生活，不断满足人民日益增长的美好生活需要，不断促进社会公平正义，形成有效的社会治理、良好的社会秩序，使人民获得感、幸福感、安全感更加充实、更有保障、更可持续。"

合理引导预期，要加强信心引导。加强对中国经济和社会发展信心的预期引导，通过政府信息公开等措施，让群众知道世界经济形势虽充满了各种不确定性，但我国经济发展的基本面是积极向好的，各项民生事业发展也是稳步提升的，GDP、就业、新兴经济发展势头、社会保障事业发展等都在中央宏观调控的预期之内。加强对党和政府信心的预期引导。努力提高政府宏观调控能力，提升政府公信力，让群众相信政府对宏观经济和社会发展形势的分析、判断和调控能力。

合理引导预期，要坚持稳中求进的原则。群众有期待，不能置之不理，但也不能盲目满足，要科学甄别、加强互动、因势利导、理性研判。从群众最迫切、受众最广泛的"最大公约数"出发，分清主次、安排先后。强化各类政策的前期论证，增强决策的科学性、有效性、稳定性，不搞快上快下和朝令夕改，更不能拆东墙补西墙。

Social Development of Contemporary China

第八章

推动社会治理重心向城乡基层下移

8

推动社会治理重心向城乡基层下移

基础不牢，“地动山摇”。社会治理的重心必须落到城乡社区，必须向城乡基层下移，社区服务和管理能力越强，社会治理的基础就越实。党的十九大报告明确指出，加强社区治理体系建设，推动社会治理重心向基层下移，发挥社会组织作用，实现政府治理和社会调节、居民自治良性互动。为此，要尽可能把资源、服务、管理放到基层，使基层有职有权有物，更好为群众提供精准有效的服务和管理。

一、打通党同群众联系的“最后一公里”

创新社会治理，要以最广大人民群众根本利益为根本坐标，从人民群众最关心最直接最现实的利益问题入手。现在，基层社会治理体系中存在不少问题，必须通过改革加以解决。城乡社区处于党同群众联系的“最后一公里”，要把加强基层党的建设、巩固党的执政基础作为贯穿社会治理和基层建设的一条红线。要调整和完善不适应的管理体制机制，推动管理重心下移，把经常性具体服务和管理职责落下去，把人财物和权责利下沉到基层，把为群众服务的资源和力量尽量交给与老百姓最贴近的基层组织去做，增强基层组织在群众中的影响力和号召力。社区是党和政府联系、服务居民群众的“最后一公里”，要健全社区管理和服务体制，整合各种资源，增强社区公共服务能力。社区工作要时时处处贯彻党的宗旨，让党的旗帜在社区群众心目中高高飘扬，让社区广大党员在服务群众中充分发挥作用、展示良好形象①。社区虽小，但连着千家万户，做好社区工作十分重要。社区的党组织和党员干部天天同居民群众打交道，要多想想如何让群众生活和办事更方便一些，如何让群众表达诉求的渠道更畅通一些，如何让群众感觉更平安、更幸福一些，真正使千家万户切身感受到党和政府的温暖。社区在全面推进依法治国中具有不可或缺的地位和作用，要通过群众喜闻乐见的形式宣传普及宪法

① 习近平．在河北唐山市考察时的讲话．人民日报，2016-07-29.

法律，发挥市民公约、乡规民约等基层规范在社会治理中的作用，培育社区居民遵守法律、依法办事的意识和习惯，使大家都成为社会主义法治的忠实崇尚者、自觉遵守者、坚定捍卫者[①]。

在党同群众联系实践中，由于认识上的偏差、工作作风不扎实以及贯彻落实不到位，“最后一公里”常常阻塞不畅，存在“近在咫尺、心隔千里”的窘境。具体表现为：一些口号高高喊起，轻轻落下，声音到了，举措没到；一些举措停留在文件，流转于形式，动静到了，行动没到；一些行动尽管开展了，但便民性、操作性较差，意识到了，服务没到；一些服务开展得轰轰烈烈，但老百姓不感兴趣、不愿参与，服务到了，沟通没到；等等。凡此种种，使得政策往往止步于纸上、停留在嘴上、行驶在路上，就是不能落到实处，到不了群众家门口，民怨民需民盼无法得到及时回应。“最后一公里”不畅，总让人感觉“差那么一点点”，分析起来主要有以下原因：一是“不屑”打通，有的领导干部宗旨意识、群众观点淡薄，对群众的事漠不关心、熟视无睹，一推二拖三挂起，不管群众苦乐生死，或者感觉“一公里”之前已经花了大力气、下了大功夫，沾沾自喜、放松懈怠。二是“不愿”打通，政绩观出现偏差，存在功利心态。“一公里”之前的工作常常是“镁光灯”下的工作，更容易引起领导和社会的关注，而“最后一公里”是具体的落实环节，琐碎繁杂，不易引起注意，也很难出政绩。三是“不会”打通，一些领导干部放不下架子、降不下身段，身在基层却不接地气，身处基层心不在基层，满足于看材料听汇报，上网不上门、通话不见面。同时，缺乏与群众打交道的能力和办法，与新社会群体说不上话，与困难群众讲不上话，与年轻人群对不上话。四是“不敢”打通，面对改革攻坚的深水区，有的领导干部存在畏难情绪，“最后一公里”所涉及的常常是老大难问题或者是历史遗留问题，更加具体、更加尖锐，解决起来费时费力也许还不讨好。上述问题的存在，归根结底，根本原因就在于群众观点的缺失，没有把人民群众利益和冷暖放在心上。

---

① 习近平．在福建调研时的讲话．人民日报，2014-11-03.

社区工作是一门学问，要积极探索创新，通过多种形式延伸管理链条，提高服务水平，让千家万户感受到党和政府的温暖。

首先，畅通联系服务群众“最后一公里”，需拆掉“弹簧门”“玻璃门”，畅通思想认识“最先一公里”，深入剖析各类“四风”问题表现，说到底都是“总开关”抛了锚、断了电，在思想上与群众不亲不热，甚至渐行渐远。“圣人无常心，以百姓心为心。”什么叫牢固树立公仆意识？就是真正认识到服务群众是本职，疏远怠慢群众是失职渎职，不断提高联系服务群众的思想自觉和行动自觉。

其次，要用改革思维破解行动上的“最难一公里”。搞好联系服务群众工作，转变党风政风作风，说一千道一万，还得看问题解决得及不及时和彻不彻底。“最后一公里”问题之所以难解决，难就难在一些基层党组织和党员干部思想方法不对路、工作方式不科学、自身素质不适应。要创新服务理念，做到各级部门都是服务部门，各个岗位都是服务岗位，各个党员都是服务人员。要改革服务流程，整合基层社会事务管理和民生服务资源，实行“一个窗口受理、一站式服务、一揽子解决”，让老百姓办事只进一个门、只找一个人，小事不出村（社区）、大事不出乡镇（街道）。聚焦服务重点，最需从群众最希望办、最迫切办、眼下能够办好的事情做起，切实帮助解决老百姓出行难、读书难、看病难、办证难、就业难等生产生活生存中的燃眉之急，让站在“最后一公里”的群众，感受党的温暖和享受改革发展成果。

再次，要从根本上畅通制度设计的“最远一公里”。制度建设事关根本和长远。“政贵有恒，治须有常。”联系服务群众不是“偏蹚雨”和“一阵风”，不能雨过地皮湿、风过静悄悄。解决联系服务为什么、联系服务做什么、联系服务怎么做等基础性问题，必须做好顶层设计、扎紧作风之篱，实现作风建设从“经验”向“制度”的升华。从理论和制度层面，要将联系服务群众的新要求新内容写入党内法规，作为对各级组织和每个党员的原则要求、基本义务和行为规范。从实践层面，要建立权责一致的为民服务机制，要把联系服务群众作为基层党组织和党员干部的核心职责和主要任务，进一步加大对基层的人财物投入，明晰各级党组织的职能职责，防止任务下交、矛盾下推，解决好基层干部疲于应付、有事无权、有权无用等问题。要加强考核和监督，将各级党组织和党员干部落实调查研究制度、基层联系点制度、定期接待群众来访制度、征集群众意见制度、党员承诺践诺制度等情况作为年度考核的主要内容，引导各级党组织和党员干部自觉处理好个人与组织、潜绩和显绩的关系；应完善监管机制，把党内监督、党外监督、专门机关监督和群众监督结合起来，解决干部对上和对下统一的问题。

二、建立健全城乡社区治理体系

1. 充分发挥基层党组织领导核心作用

要把加强基层党的建设、巩固党的执政基础作为贯穿社会治理和基层建设的主线，以改革创新精神探索加强基层党的建设引领社会治理的路径。加强和改进街道（乡镇）、城乡社区党组织对社区各类组织和各项工作的领导，确保党的路线方针政策在城乡社区的全面贯彻落实。推动管理和服务力量下沉，引导基层党组织强化政治功能，聚焦主业主责，推动街道（乡镇）党（工）委把工作重心转移到基层党组织建设上来，转移到做好公共服务、公共管理、公共安全工作上来，转移到为经济社会发展提供良好公共环境上来。加强社区服务型党组织建设，着力提升服务能力和水平，更好地服务改革、服务发展、服务民生、服务群众、服务党员。继续推进街道（乡镇）、城乡社区与驻社区单位共建互补，深入拓展区域化党建。扩大城市新兴领域党建工作覆盖，推进商务楼宇、各类园区、商圈市场、网络媒体等的党建覆盖。健全社区党组织领导基层群众性自治组织开展工作的相关制度，依法组织居民开展自治，及时帮助解决基层群众自治中存在的困难和问题。加强城乡社区党风廉政建设，推动全面从严治党向城乡社区延伸，切实解决居民群众身边的腐败问题。特别是要重视农村基层党组织建设，加快完善乡村治理机制。农村工作千头万绪，抓好农村基层组织建设是关键。无论农村社会结构如何变化，无论各类经济社会组织如何发展，农村基层党组织的领导地位不能动摇、战斗堡垒作用不能削弱[①]。

2. 有效发挥基层政府主导作用

各地应该按照条块结合、以块为主的原则，制定区县职能部门、街道办事处（乡镇政府）在社区治理方面的权责清单；依法厘清街道办事处（乡镇政府）和基层群众性自治组织权责边界，明确基层群众性自治组织承担的社区工作事项清单以及协助政府的社区工作事项清单；上述社区工作事项之外的其他事项，街道办事处（乡镇政府）可通过向基层群众性自治组织购买等服务方式提供。建立街道办事处（乡镇政府）和基层群众性自治组织履职履约双向评价机制。基层政府要切实履行城乡社区治理主导职责，加强对城乡社区治理的政策支持、财力物力保障和能力建设指导，加强对基层群众性自治组织建设的指导规范，不断提高依法指导城乡社区治理的能力和水平。特别是要切实转变乡镇政府职能，主要是指乡镇政府要转变管治思维，以全新的治理理念构建治理体系，真正把重心放到为乡村提供公共服务上来。理想的状态是，乡镇政府作为国家基层政权机关，在涉及全乡镇的公共事务、公益事业中发挥组织协调作用，帮助农村组织协调解决在工作中遇到的各种阻力和困难，在物质等方面提供援助，但不干预依法属于村民自治范围的事项。

3. 注重发挥基层群众性自治组织的基础作用

进一步加强基层群众性自治组织规范化建设，合理确定其管辖范围和规模。促进基层群众自治与网格化服务管理有效衔接。加快工矿企业所在地、国有农（林）场、城市新建住宅区、流动人口聚居地的社区居民委员会组建工作。完善城乡社区民主选举制度，进一步规范民主选举程序，通过依法选举稳步提高城市社区居民委员会成员中本社区居民比

---

① 中共中央文献研究室. 十八大以来重要文献选编：上. 北京：中央文献出版社，2014：684.

例，切实保障外出务工农民民主选举权利。进一步增强基层群众性自治组织开展社区协商、服务社区居民的能力。建立健全居务监督委员会，推进居务公开和民主管理。充分发挥自治章程、村规民约、居民公约在城乡社区治理中的积极作用，弘扬公序良俗，促进法治、德治、自治有机融合。要提高社区居民议事协商能力，凡涉及城乡社区公共利益的重大决策事项、关乎居民群众切身利益的实际困难问题和矛盾纠纷，原则上由社区党组织、基层群众性自治组织牵头，组织居民群众协商解决。支持和帮助居民群众养成协商意识、掌握协商方法、提高协商能力，推动形成既有民主又有集中、既尊重多数人意愿又保护少数人合法权益的城乡社区协商机制。探索将居民群众参与社区治理、维护公共利益情况纳入社会信用体系。推动学校普及社区知识，参与社区治理。

4. 统筹发挥社会力量的协同作用

社会组织是社会治理的主体，随着社会改革和社会治理创新的全面深入开展，社区社会组织必将在基层社会治理中发挥越来越重要的作用。习近平总书记 2017 年 9 月在会见全国社会治安综合治理表彰大会代表时明确指出，要建立和完善以党的基层组织为核心、村民自治和村务监督组织为基础、基础经济组织和农村合作组织为纽带、各种经济社会服务组织为补充的农业组织体系，使各类组织各有其位、各司其职。[①]这为基层组织的建设与发展指明了方向。在我国基层社会，除了党组织和群众自治组织外，还必须充分发挥各类社会组织在基层社会治理中的重要作用。要大力发展在城乡社区开展纠纷调解、健康养老、教育培训、公益慈善、防灾减灾、文体娱乐、邻里互助、居民融入及农村生产技术服务等活动的社区社会组织和其他社会组织，推进社区、社会组织、社会工作“三社联动”，完善社区组织发现居民需求、统筹设计服务项目、支持社会组织承接、引导专业社会工作团队参与的工作体系。

---

① 中共中央文献研究室. 十八大以来重要文献选编：上. 北京：中央文献出版社，2014：685.

鼓励和支持建立社区老年协会，搭建老年人参与社区治理的平台。

5. 尽量发挥社区社会组织的积极作用

社区社会组织是社区组织体系的重要组织细胞，是社区治理与社区服务的重要支撑体系。随着社区建设的深入推进，社区社会组织在社区建设与社会生活中发挥了积极作用。第一，社区社会组织是实现居民自治的重要途径。居民自治是社区民主化建设的基本目标取向，而居民参与是实现社区自治的基本前提。社区组织能为增强社区自治功能、实现政府管理与居民自治的有效衔接及互动提供组织平台，成为居民参与社区管理和公共服务、实现社区良性治理的重要载体。第二，社区社会组织有利于满足居民多层次、多元化精神需求。社区社会组织的出现使社区内有共同兴趣爱好、共同志愿精神、共同交往需求的人走到一起，形成经常性的社会交往，这样丰富了社区居民的精神文化生活。第三，社区社会组织有助于为社区提供公共服务。社区社会组织的发展促进了基层政府职能的转变，使政府从全能政府向有限政府转变，使政府成为公共服务的规划者和组织者，而社会组织尤其是一些非营利组织成为社区公共服务的提供者，承接了以前基层政府的一些职能。第四，社区社会组织是维护社区稳定的“安全阀”。社区社会组织一方面可以为社区居民提供利益诉求的机会与平台，维护社区弱势群体权益；另一方面可以受政府委托，深入开展社会矛盾调处工作，消除化解社会矛盾。

三、提高城乡社区治理水平和治理能力

1. 加强农村基层基础工作，实现自治、法治、德治有机统一

农村农业农民问题是关系国计民生的根本性问题，必须始终把解决好“三农”问题作为全党工作的重中之重。当前，我国城乡利益格局深刻调整，农村社会结构深刻变动，农民思想观念深刻变化。这种前所未有的变化，为农村经济社会发展带来巨大活力，同时也形成了一些突出

矛盾和问题。发达国家在二三百年的工业化、城镇化过程中陆续出现的城乡社会问题，在我国集中出现了。总体看，农村社会管理面临的突出问题主要有：一是许多农村出现村庄空心化、农民老龄化现象。目前，我国农村留守儿童、留守妇女、留守老人均有数千万人。维护好这些群众的合法权益是一件大事。二是农村利益主体、社会阶层日趋多元化，各类组织活动和诉求明显增多。三是农村教育、文化、医疗卫生、社会保障等社会事业发展滞后，基础设施不完善，人民对环境不适应。四是农村治安状况不容乐观，一些地方违法犯罪活动仍然存在，黑恶势力活动时有发生。五是一些地方干群关系紧张，侵害农民合法权益的事件时有发生。一些地方基层民主管理制度不健全，农村基层党组织软弱涣散，公共管理和社会服务能力不强。这些都对农村社会管理提出了新要求①。

一方面，要通过完善农村村民自治制度，增强乡村治理能力。要完善现行的村民委员会等群众自治组织，在近些年各地村民自治创新的基础上，进一步加快创新步伐。比如为切实加强党对群众自治组织的领导，建议提倡村党组织成员通过民主程序依法进入村民选举委员会，提倡村党组织书记和村委会主任“一肩挑”，提倡村党组织成员和村委会成员交叉任职。同时，充分发挥村民自治章程、村规民约以及村务监督等在村民自治中的“自我管理、自我教育、自我服务”作用，使它们成为农村法治建设和协商民主建设的重要载体。要鼓励乡村社会组织的发展，提高农民的组织化程度。要想乡村治理实现善治的目标，就必须把农民动员起来、组织起来，使他们以组织的形式参与乡村公共事务的治理。为此，要鼓励农民自愿结合组成各种社会组织和合作经济组织，使之成为乡村振兴过程中农民利益的代言人、公共服务的提供者、乡村治理的参与者、利益协调的当事人。特别是要增强农村集体经济组织支持农村社区建设的能力。在我国农村和农业发展中，农村社会组织越来越

---

① 中共中央文献研究室．十八大以来重要文献选编：上．北京：中央文献出版社，2014：681.

发挥着重要的作用。在过去的 30 多年间，农村社会组织的建设和发展有了相应的法律依据和支持，获得了很好的发展机遇，取得了明显的进展，但还不能满足乡村治理和农村现代化的需求，面临着规模小、质量差、规范程度低、资源缺乏等问题。为此，必须充分发挥农村经济型社会组织、民办非企业组织等在乡村振兴中的作用。要大力发展农村经济型社会组织尤其是农业合作社，要从财政、税收以及经营范围等方面支持农业合作社的发展，这将对提升农业组织化、集约化水平起到重要作用，还可以帮助农民提高抗市场风险能力，也会为农村社会管理创新注入新的活力。

另一方面，通过复兴乡村文化，发挥德治在乡村治理中的独特作用。随着中国城镇化步伐的加快，在农民大量进城、农村土地被大片征用、第一产业从业比例迅速降低的现实境况下，如何建设他们的家园尤其是精神家园令人担忧。目前，乡土文化遭遇前所未有的危机，需要通过重构乡村文化，即通过发展农业现代化，提高农民文化自觉意识，在文化创新中凸显乡村文化个性。要继续加大投入，推进乡镇文化站、农村文化广场、农家书屋、农民体育健身工程、广播电视户户通等一系列惠民工程的建设，同时也要不断加强其他农村文化供给，比如举办农民书画展、摄影展、文艺汇演、体育赛事以及乡村地区节庆活动等，为农民群众搭起展示自我的平台。要重塑乡村社会规范。伦理、道德、村规民约、风俗习惯是乡村治理的重要载体，也是乡村文化建设的重要手段。当下乡村仪式文化缺场、乡风民俗衰落，都是乡村文化建设短板的重要体现，农村文化建设工作中普遍存在重视体育及娱乐而忽视文化及道德建设的问题。为此，要直面中国乡村社会和乡村文化发展的现实，强化乡村社会规范。比如在制定村规民约中，把文明公约、爱国主义、集体主义、法定义务、社会责任、家庭美德、社会公德等社会主义核心价值观融入进去。要加强农村民非企业组织包括民办学校、幼儿园、敬老院和医院等组织的建设与发展。这些组织对于改善农民生活、提升农民文化和技能水平、降低生活风险等，扮演着越来越重要的角色。要大力培育乡村文化建设的主体，鼓励农民工返乡创业，吸引城市居民选择乡村居住，尤其是文化教育行业人士选择乡居生活，可以催生新型乡贤文化，激活传统乡村文化中的活性因子。此外，还要注意发挥农村传统型社会组织，包括家族、邻里组织、互助组织以及娱乐组织等在乡村治理中的独特作用。与其他社会组织相比，这类社会组织具有悠久性、内生性和生活性等特点，具有很重要的秩序维持、互助、经济发展以及文化传递等功能。

2. 创新城市治理方式，实现政府治理和社会调节、居民自治良性互动

社会治理是一门科学，管得太死，一潭死水不行；管得太松，波涛汹涌也不行。要讲究辩证法，处理好活力和秩序的关系，全面看待社会稳定形势，准确把握维护社会稳定工作，坚持系统治理、依法治理、综合治理、源头治理。在具体工作中，不能简单依靠打压管控、硬性维稳，还要重视疏导化解、柔性维稳，注重动员组织社会力量共同参与，发动全社会一起来做好维护社会稳定工作。要创新城市治理方式，特别是要注意加强城市精细化管理，把矛盾和问题尽早排解疏导，化解在萌芽状态。城市治理也应该疏堵结合、以疏为主，惩防并举、以防为先，标本兼治、重在治本。不能老是“亡羊补牢”，穷于事后应对，正可谓“亡羊补牢虽未晚，未雨绸缪策更良”。政府要从宏观层次和全局发展上配置重要资源，以保障基本公共服务为重点，组织提供社会和市民需要的公共产品和公共服务，弥补市场缺陷。要发挥财政资金四两拨千斤的作用，鼓励社会资本参与城市建设、经营、管理。

一方面，要加强城市常态化管理，聚焦群众反映强烈的突出问题，狠抓城市管理顽症治理。要持续用力、不断深化，提升社会治理能力，增强社会发展活力。要强化依法治理，善于运用法治思维和法治方式解决城市治理顽症难题，努力形成城市综合管理法治化新格局。市民是城市建设、城市发展的主体。要尊重市民对城市发展决策的知情权、参与权、监督权，鼓励企业和市民通过各种方式参与城市建设、管理。在共建共享过程中，城市政府应该从“划桨人”转变为“掌舵人”，同市场、企业、市民一起管理城市事务、承担社会责任。只有让全体市民共同参

与，从房前屋后实事做起，从身边的小事做起，把市民和政府的关系从“你和我”变成“我们”，从“要我做”变为“一起做”，才能真正实现城市共治共管、共建共享。

另一方面，要强化智能化管理，提高城市管理标准，更多运用互联网、大数据等信息技术手段，提高城市科学化、精细化、智能化管理水平。要加快补好短板，聚焦影响城市安全、制约发展、群众反映强烈的突出问题，加强综合整治，形成常态长效管理机制，努力让城市更有序、更安全、更干净①。要着力推进社会治理系统化、科学化、智能化、法治化，深化对社会运行规律和治理规律的认识，善于运用先进的理念、科学的态度、专业的方法、精细的标准提升社会治理效能，增强社会治理整体性和协同性，提高预测预警预防各类风险的能力，增强社会治理预见性、精准性、高效性，同时要树立法治思维、发挥德治作用，更好引领和规范社会生活，努力实现法安天下、德润人心②。

3. 加强城乡人口服务管理，促进人口有序流动

加强和创新社会治理，关键在体制创新，核心是人，只有人与人和谐相处，社会才安定有序。社会治理的重心必须落到城乡社区，社区服务和管理能力强了，社会治理的基础就实了。在城市，特别是在大城市，大量集聚无序流动人口的城乡接合部，更已经成为各种社会矛盾冲突的交汇地。这些地方存在社会属性交叉、管理体制多元，治安管理不尽如人意，市容卫生相对较差，公共服务供给不足，出租房管理不规范等社会问题，已经在一定程度上制约了城市发展。为此，必须结合加强城市常态化管理，聚焦群众反映强烈的突出问题，更多运用市场化、法治化手段，促进人口有序流动，控制人口总量，优化人口结构。同时，要拓展流动人口有序参与居住地社区治理渠道，丰富流动人口社区生活，促进流动人口社区

① 习近平．在参加十二届全国人大五次会议上海代表团审议时的讲话．人民日报，2017-03-06.

② 习近平．在会见全国社会治安综合治理表彰大会代表时的讲话．人民日报，2017-09-20.

融入。在农村，要坚持自愿、分类、有序的原则，推进农业转移人口市民化。“自愿”就是要充分尊重农民意愿，让他们自己选择，不能采取强迫的做法，不能强取豪夺，不顾条件拆除农房，逼农民进城，让农民工“被落户”“被上楼”。“分类”就是中央提出要求，各省、自治区、直辖市因地制宜制定具体办法，如积分制等，成熟一批，落户一批。“有序”就是要优先解决存量、优先解决本地人口，优先解决好进城时间长、就业能力强、可以适应城镇产业转型升级和市场竞争环境的人，使他们及其家庭在城镇扎根落户，有序引导增量人口流向①。此外，在我国大规模城镇化的同时，在一些中心城市周边，逆城镇化的趋势也越来越凸显，越来越多的城里人向往去郊区生活和居住。如何利用好逆城镇化契机，实现城乡一体化，逐步缩小和消除城乡差距，将是我们面临的一个重要课题。新型城镇化是以城乡统筹发展、产城互动结合、和谐生态宜居为主要特征的城镇化，是大、中、小城市以及小城镇协调发展的城镇化。这就说明了新型城镇化既有从农村向城市的流动、从农民到市民的转化，也包含从城镇向农村的流动和市民向农民的回归。面对城市病，我们要对中心城市的功能结构和空间结构进行的调整，把政治中心、经济中心、文化中心、交通中心以及居住和休闲等功能向有条件的小城市或城镇分解，即逆城镇化。但这种逆城镇化不是要回到传统的农业社会，而是要消除高度城市化所产生的一些城市病，建立一种新的城市范式。

四、完善城乡社区治理的保障措施

1. 高度重视城乡社区治理，加大对社区的资金投入

各级党委和政府要把城乡社区治理工作纳入重要议事日程，完善党委和政府统一领导，有关部门和群团组织密切配合，社会力量广泛参与

① 中共中央文献研究室. 十八大以来重要文献选编：上. 北京：中央文献出版社，2014：594.

的城乡社区治理工作格局。街道党工委书记、乡镇党委书记要履行好直接责任人职责，要把城乡社区治理工作纳入地方党政领导班子和领导干部政绩考核指标体系，逐步建立以社区居民满意度为主要衡量标准的社区治理评价体系和评价结果公开机制。同时，要加大对社区建设资金的投入力度，加大财政保障力度，统筹使用各级各部门投入城乡社区的符合条件的相关资金，提高资金使用效率，重点支持做好城乡社区治理各项工作。老少边穷地区应根据当地发展水平，统筹中央财政一般性转移支付等现有资金渠道，支持做好城乡社区建设工作。不断拓宽城乡社区治理资金筹集渠道，鼓励通过慈善捐赠、设立社区基金会等方式，引导社会资金投向城乡社区治理领域。创新城乡社区治理资金使用机制，有序引导居民群众参与确定资金使用方向和服务项目，全过程监督服务项目实施和资金使用。

2. 继续完善基础设施建设，改善城乡社区人居环境

完善城乡社区基础设施建设，建立健全农村社区基础设施和公用设施的投资、建设、运行、管护和综合利用机制。加快社区综合服务设施建设。将城乡社区综合服务设施建设纳入当地国民经济和社会发展规划、城乡规划、土地利用规划等，按照每百户居民拥有综合服务设施面积不低于30平方米的标准，以新建、改造、购买、项目配套和整合共享等形式，逐步实现城乡社区综合服务设施全覆盖。加快城镇棚户区、城中村和危房改造。加强城乡社区环境综合治理，做好城市社区绿化美化净化、垃圾分类处理、噪声污染治理、水资源再生利用等工作，着力解决农村社区垃圾收集、污水排放、秸秆焚烧以及散埋乱葬等问题，广泛发动居民群众和驻社区机关企事业单位参与环保活动，建设资源节约型、环境友好型社区。强化社区风险防范预案管理，加强社区应急避难场所建设，开展社区防灾减灾科普宣传教育，有序组织开展社区应对突发事件应急演练，提高对自然灾害、事故灾难、公共卫生事件、社会安全事件的预防和处置能力。加强消防宣传和消防治理，提高火灾事故防范和处置能力，推进消防安全社区建设。特别是要以乡村振兴为契机，

改善乡村人居环境。近些年来，我国农村经济社会发展迅猛，乡村面貌发生了翻天覆地的变化，农民生活水平日益提高，但农村环境问题日益突出，成为乡村振兴的重要阻碍。为此，需要通过多种途径改善农村人居环境。要发展绿色农业和绿色养殖，通过调整农村产业结构，依靠科技进步和技术创新来改变乡村落后的生产生活方式。要彻底治理乡村乱扔垃圾。乱扔垃圾是不卫生、不文明的标志，也是农村环境脏乱差最突出的表现。2017 年中央一号文件明确提出，要推进农村生活垃圾治理专项行动，促进垃圾分类和资源化利用。目前，全国农村生活垃圾处理率仍有待提高。应该以实施乡村振兴战略为契机，集中开展农村垃圾整治行动。要改善农民居住环境，加快农村环卫设施建设。要针对农村生活污染治理设施薄弱、生活污水随时排放、人畜粪便处理困难等问题，在乡村环境治理中，结合各村落实际情况，制定乡村环境污染治理总体规划，集中解决当前农村环境薄弱问题。

3. 加强城乡基层干部队伍建设，培育乡村振兴力量

基层社会治理成效如何，基层干部是决定性因素。要统筹考虑基层干部队伍建设，逐步建立一支素质优良的专业化社区工作者队伍。要把基层“强身”和机关“瘦身”有机结合起来，把精干力量下沉，完善有序流动的机制，推动服务和管理力量向基层倾斜。要把基层党组织书记队伍建设抓实抓好，将社区工作者队伍建设纳入国家和地方人才发展规划。地方要结合实际制定社区工作者队伍发展专项规划和社区工作者管理办法，把城乡社区党组织、基层群众性自治组织成员以及其他社区专职工作人员纳入社区工作者队伍统筹管理，建设一支素质优良的专业化社区工作者队伍。加强城乡社区党组织带头人队伍建设，选优配强社区党组织书记，加大从社区党组织书记中招录公务员和事业编制人员力度，注重把优秀社区党组织书记选拔到街道（乡镇）领导岗位，推动符合条件的社区党组织书记或班子成员通过依法选举担任基层群众性自治组织负责人或成员。社区专职工作人员由基层政府职能部门根据工作需要设岗招聘，街道办事处（乡镇政府）统一管理，社区组织统筹使用。

加强对社区工作者的教育培训，提高其依法办事、执行政策和服务居民的能力，支持其参加社会工作职业资格评价和学历教育等，对获得社会工作职业资格的给予职业津贴。加强社区工作者作风建设，建立群众满意度占主要权重的社区工作者评价机制，探索建立容错纠错机制和奖惩机制，调动社区工作者实干创业、改革创新热情。要按照党的十九大精神，培养和造就一支懂农业、爱农村、爱农民的“三农”工作队伍。乡村振兴需要乡村人来实施，他们素质高低、能力强弱、态度积极与否直接关系到实施乡村振兴战略效果的好坏。要加强乡村干部队伍建设。“乡村是我们党执政大厦的地基，乡村干部是地基中的钢筋，位子不高但责任很大。”习近平总书记的这句话，深刻阐述了乡村干部在我国农村经济发展和社会建设中的重要作用和重大责任。一方面，要加强村组干部建设，特别是一定要高度重视村级党组织主要负责人的培养和选拔；另一方面，要加强对驻村干部、大学生村官、乡村技术员等人员的培养和管理，充分发挥他们的优势和特长。同时，要在全社会形成关心、爱护乡村干部的良好氛围，体谅农村干部的苦衷，帮助他们解决实际困难，切实为乡村干部开展工作创造条件。另外，要充分发挥乡村精英在乡村振兴中的作用。要调动农村经济能人、大学生、退伍军人等乡村精英参与实施乡村振兴战略。作为乡村精英，他们身上具有一般农民所不具有的特殊的品质和能力，这种品质和能力使他们有可能成为农村有号召力和影响力的人，甚至成为村民中的核心人物和领袖人物，因此要充分发挥他们在乡村振兴中的独特作用。此外，还要培育新时代新型农民。农民是农村建设的真正实践者和受益者，农民科技文化素质的高低直接关系到农村经济社会的发展好坏，并最终决定乡村振兴的成败。因此必须大力培养有文化、懂技术、会经营的新型农民，提高农民的思想道德素质、科技文化水平和生产技能；同时，应通过多种手段提升农民的文化水平和民主意识，调动他们参与实施乡村振兴战略的积极性，在参与中培养农民的参与意识和合作精神，使其成为名副其实的乡村振兴主体。

Social Development of Contemporary China

Social Development of Contemporary China

第九章

走中国特色公共安全和国家安全之路

9

走中国特色公共安全和国家安全之路

公共安全是社会安定、社会秩序良好的重要体现，是人民安居乐业的重要保障。国家安全工作应当坚持总体国家安全观，以人民安全为宗旨，以政治安全为根本，以经济安全为基础，以军事、文化、社会安全为保障，以促进国际安全为依托，走中国特色国家安全道路。新时代公共安全体系和总体国家安全观，是以习近平同志为核心的党中央对人类安全理论的重大创新，是新形势下维护和塑造中国特色大国安全的强大思想武器，具有重大而深刻的时代意义、理论意义、实践意义和世界意义。

2016 年 5 月 17 日，习近平在哲学社会科学工作座谈会上指出，这是一个需要理论而且一定能够产生理论的时代，这是一个需要思想而且一定能够产生思想的时代。公共安全体系和总体国家安全观是时代的产物，同时又为时代注入了新的内涵，其承载了为实现中华民族伟大复兴提供坚强保障的历史使命，具有鲜明的新时代特色。

一、健全公共安全体系

从概念上讲，公共安全是指不特定多数人的生命、健康和财产安全。公共安全的本质是一种可接受的风险。随着风险社会的到来，人类面临着威胁生存的经济和社会风险，必须积极加以应对。

2015 年 5 月 29 日，习近平总书记在中共中央政治局第二十三次集体学习时强调，公共安全是社会安定、社会秩序良好的重要体现，是人民安居乐业的重要保障。公共安全连着千家万户，确保公共安全事关人民群众生命财产安全，事关改革发展稳定大局。要牢固树立安全发展理念，自觉把维护公共安全放在维护最广大人民根本利益中来认识，扎实做好公共安全工作，努力为人民安居乐业、社会安定有序、国家长治久安编织全方位、立体化的公共安全网。那么，新时代公共安全体系到底经历了怎样的发展历程？其形势如何？具体内容是什么？下面将围绕这些问题进行深入剖析和具体阐释。

1. 新时代公共安全体系的历史路径

进入新时代以来，我党对公共安全的理论思考和实践探索持续深化。党的十八大提出，要强化公共安全体系和企业安全生产基础建设，遏制重特大安全事故。党的十八届三中全会围绕健全公共安全体系，提出食品药品安全、安全生产、防灾减灾救灾、社会治安防控等方面的体制机制改革任务。党的十八届四中全会提出了加强公共安全立法、推进公共安全法治化的要求。党的十八届五中全会进一步要求，牢固树立安全发展观念，坚持人民利益至上，健全公共安全体系，完善和落实安全生产责任和管理制度，切实维护人民生命财产安全。应当说，党和政府把维护公共安全摆在更加突出的位置，作出了一系列部署。各地区各部门按照这些决策部署和工作要求，做了大量工作，取得了积极成效。

尤其需要说明的是，公共安全在党和政府工作布局中已经突破了传统微观领域，上升到宏观战略高度。例如习近平总书记在 2013 年中央农村工作会议上指出，在食品安全上给老百姓一个满意的交代，是对我们执政能力的重大考验。党的十八大以来，习近平总书记对安全生产工作空前重视，曾在不同场合对安全生产工作发表重要讲话，多次作出重要批示，深刻论述安全生产红线、安全发展战略、安全生产责任制等重大理论和实践问题，对安全生产提出了明确要求，为推进安全生产法治化指明了方向。

党的十九大更是创造性地提出：打造共建共治共享的社会治理格局。健全公共安全体系，完善安全生产责任制，坚决遏制重特大安全事故，提升防灾减灾救灾能力。加快社会治安防控体系建设，依法打击和惩治黄赌毒黑拐骗等违法犯罪活动，保护人民人身权、财产权、人格权。这就为新时代健全公共安全体系提供了坐标和指南。

在新时代，做好公共安全工作具有深远的意义。面对新形势新挑战，维护国家安全和社会安定，对全面深化改革、实现“两个一百年”奋斗目标、实现中华民族伟大复兴的中国梦都十分紧要。各地区各部门要各司其职、各负其责，密切配合、通力合作，勇于负责、敢于担当，形成维护国家安全和社会安定的强大合力。

2. 当前公共安全工作的形势

2014年4月25日下午，中共中央政治局就切实维护国家安全和社会安定进行第十四次集体学习。习近平总书记在主持学习时强调：改革开放以来，我们党始终高度重视正确处理改革发展稳定关系，始终把维护国家安全和社会安定作为党和国家的一项基础性工作。我们保持了我国社会大局稳定，为改革开放和社会主义现代化建设营造了良好环境。“安而不忘危，存而不忘亡，治而不忘乱。”同时，必须清醒地看到，新形势下我国国家安全和社会安定面临的威胁和挑战增多，特别是各种威胁和挑战联动效应明显。我们必须保持清醒头脑、强化底线思维，有效防范、管理、处理国家安全风险，有力应对、处置、化解社会安定挑战。

当前，我国公共安全形势总体是好的。2016年4月18日《人民日报》刊发的《健全公共安全体系，构建安全保障型社会》一文指出，公共安全作为一个重要领域被纳入国家经济社会发展规划和国家科技规划，始于2003年的国家中长期科技发展规划的战略研究和纲要制定，党和国家高度重视，全社会普遍关注，民众积极参与，已经有了实实在在的安全获得感。尤其是，我国公共安全科技水平和保障能力迅速提升，成果显著。国家应急平台体系基本建成，成套化技术装备输出国外；应急能力建设初见成效，大幅提升了应对突发事件的能力；产煤百万吨死亡率是10年前的6%；自然灾害监测预测预警时效性和准确性明显提升；公共卫生事件监测研判和控制成效明显；社会安全风险防控网基本形成；快速反应和现场处置能力显著增强。

同时，必须清楚地看到，我国正处在公共安全事件易发、频发和多发期，维护公共安全的任务重要而艰巨。随着工业化、信息化、城镇化、市场化和国际化快速推进，各种变革调整速度之快、范围之广、影响之深前所未有。公共安全问题总量居高不下，复杂性加剧，潜在风险和新隐患增多，防控难度加大，给公共安全工作提出新的挑战。虽然我国公共安全四大核心技术即风险评估与预防、监测预测预警、应急处置与救援、综合保障已处于国际先进水平，超越发展中国家水平，整体上与国际领先水平差距在缩小，但与国际领先水平仍有约十年的差距。相对于国际领先水平，我国公共安全技术水平已形成领跑、并跑、跟跑“三跑”并行的基本格局，但绝大部分还处于跟跑状态。与领先国家相比，我国基础研究成果向优势技术转化的能力较弱，技术竞争还处于劣势；引领和支撑国家公共安全治理体系与治理能力现代化的科技创新体系尚待健全①。

3. 公共安全的具体领域和要求

与国防、外交等国家安全不同，公共安全一般包括社会治安防控、农产品质量安全、防灾减灾救灾、安全生产、食品药品安全等内容，属于群体安全范畴。中共中央政治局第二十三次集体学习曾专门围绕上述内容进行深入讨论，习近平总书记在主持学习时发表了重要讲话。

在谈到社会治安综合治理时，习近平总书记强调，要切实抓好社会治安综合治理，坚持系统治理、依法治理、综合治理、源头治理的总体思路，一手抓专项打击整治，一手抓源头性、基础性工作，创新社会治安防控体系，优化公共安全治理社会环境，着力解决影响社会安定的深层次问题。

在谈到农产品质量安全和食品药品安全时，习近平总书记强调，要切实提高农产品质量安全水平，以更大力度抓好农产品质量安全，完善农产品质量安全监管体系，把确保质量安全作为农业转方式、调结构的关键环节，让人民群众吃得安全放心。要切实加强食品药品安全监管，用最严谨的标准、最严格的监管、最严厉的处罚、最严肃的问责，加快建立科学完善的食品药品安全治理体系，坚持产管并重，严把从农田到餐桌、从实验室到医院的每一道防线。

在谈到防灾减灾救灾和安全生产时，习近平总书记强调，要切实增

① 范维澄．健全公共安全体系 构建安全保障型社会．人民日报，2016-04-18（9）．

强抵御和应对自然灾害能力，坚持以防为主、防抗救相结合的方针，坚持常态减灾和非常态救灾相统一，全面提高全社会抵御自然灾害的综合防范能力。要切实抓好安全生产，坚持以人为本、生命至上，全面抓好安全生产责任制和管理、防范、监督、检查、奖惩措施的落实，细化落实各级党委和政府的领导责任、相关部门的监管责任、企业的主体责任，深入开展专项整治，切实消除隐患。

在谈到公共卫生安全时，习近平总书记强调，人民安全是国家安全的基石。要强化底线思维，增强忧患意识，时刻防范卫生健康领域重大风险。只有构建起强大的公共卫生体系，健全预警响应机制，全面提升防控和救治能力，织密防护网、筑牢筑实隔离墙，才能切实为维护人民健康提供有力保障。

二、有力维护国家安全

所谓国家安全，是指国家政权、主权、统一和领土完整、人民福祉、经济社会可持续发展和国家其他重大利益相对处于没有危险和不受内外威胁的状态，以及保障持续安全状态的能力。2015 年 7 月 1 日，全国人大常委会表决通过《中华人民共和国国家安全法》，明确了政治安全、国土安全、军事安全、文化安全、科技安全等 11 个领域的国家安全任务，这也成为国家安全的主体内容。可以说，国家安全和社会稳定是国家生存发展的前提、人民幸福安康的基础、中国特色社会主义事业的重要保障。只有国家安全和社会稳定，改革发展才能不断推进。

1. 国家安全的新时代路径

进入新时代以来，党对国家安全的战略探索一刻都没有停步。党的十八届三中全会决定成立国家安全委员会，是推进国家治理体系和治理能力现代化、实现国家长治久安的迫切要求，是全面建成小康社会、实现中华民族伟大复兴中国梦的重要保障，目的就是更好适应我国国家安全面临的新形势新任务，建立集中统一、高效权威的国家安全体制，加强对国家安全工作的领导。

2014 年 4 月 15 日，习近平总书记在中央国家安全委员会第一次全体会议上，首次提出总体国家安全观，强调要准确把握国家安全形势变化新特点新趋势，坚持总体国家安全观，走出一条中国特色国家安全道路。尤其是增强忧患意识，做到居安思危，是我们治党治国必须始终坚持的一个重大原则。我们党要巩固执政地位，要团结带领人民坚持和发展中国特色社会主义，保证国家安全是头等大事。

党的十九大强调，有效维护国家安全。完善国家安全战略和国家安全政策，坚决维护国家政治安全，统筹推进各项安全工作。健全国家安全体系，加强国家安全法治保障，提高防范和抵御安全风险能力。严密防范和坚决打击各种渗透颠覆破坏活动、暴力恐怖活动、民族分裂活动、宗教极端活动。加强国家安全教育，增强全党全国人民国家安全意识，推动全社会形成维护国家安全的强大合力。

当前，我国国家安全内涵和外延比历史上任何时候都要丰富，时空领域比历史上任何时候都要宽广，内外因素比历史上任何时候都要复杂，必须坚持总体国家安全观，走中国特色国家安全道路。2017 年 4 月，《求是》杂志刊发《以习近平总书记总体国家安全观为指引　谱写国家安全新篇章》一文，指出总体国家安全观是以习近平同志为核心的党中央对国家安全理论的重大创新，是新形势下维护和塑造中国特色大国安全的强大思想武器，充分体现了我们党奋力开拓国家安全工作新局面的战略智慧和使命担当，具有重大的时代意义、理论意义、实践意义和世界意义。

党的十九届四中全会进一步强调，坚持总体国家安全观，统筹发展和安全，坚持人民安全、政治安全、国家利益至上有机统一。以人民安全为宗旨，以政治安全为根本，以经济安全为基础，以军事、科技、文化、社会安全为保障，健全国家安全体系，增强国家安全能力。完善集中统一、高效权威的国家安全领导体制，健全国家安全法律制度体系；加强国家安全人民防线建设，增强全民国家安全意识，建立健全国家安全风险研判、防控协同、防范化解机制；提高防范抵御国家安全风险能力，高度警惕、坚决防范和严厉打击敌对势力渗透、破坏、颠覆、分裂活动。

2. 国家安全的内涵和外延

习近平总书记在中央国家安全委员会第一次全体会议上指出，必须坚持总体国家安全观，以人民安全为宗旨，以政治安全为根本，以经济安全为基础，以军事、文化、社会安全为保障，以促进国际安全为依托，走出一条中国特色国家安全道路。

贯彻落实总体国家安全观，必须既重视外部安全，又重视内部安全，对内求发展、求变革、求稳定，建设平安中国，对外求和平、求合作、求共赢，建设和谐世界；既重视国土安全，又重视国民安全，坚持以民为本、以人为本，坚持国家安全一切为了人民、一切依靠人民，真正夯实国家安全的群众基础；既重视传统安全，又重视非传统安全，构建集政治安全、国土安全、军事安全、经济安全、文化安全、社会安全、科技安全、信息安全、生态安全、资源安全、核安全等于一体的国家安全体系；既重视发展问题，又重视安全问题，发展是安全的基础，安全是发展的条件，富国才能强兵，强兵才能卫国；既重视自身安全，又重视共同安全，打造命运共同体，推动各方朝着互利互惠、共同安全的目标相向而行。

在领导党和国家各项工作过程中，习近平总书记提出并深入阐发了一系列具有原创性、时代性的新理念新思想新战略。比如，关于依法维护国家安全，他提出要切实增强全民国家安全意识，把法治贯穿于维护国家安全的全过程各环节。关于意识形态安全，他多次强调，意识形态工作事关党的前途命运，事关国家长治久安，事关民族凝聚力和向心力。关于文化安全，他提出中华优秀传统文化是中华民族的根和魂，必须坚定文化自信。关于生态安全，他提出“要像保护眼睛一样保护生态环境，像对待生命一样对待生态环境”。关于科技安全，他提出，科技是国之利器，要围绕国家重大战略需求，着力突破关键核心技术，抢占事关长远和全局的科技战略制高点。关于网络安全，他提出“没有网络安全就没有国家安全”。关于军民融合，他提出“军民融合作为一项国家战略，关乎国家安全和发展全局，既是兴国之举，又是强军之策”。他特别强调要增强国家安全工作的战略性、策略性，保持战略定力、战略自信、战略耐心，树立底线思维，坚持原则性和策略性相统一①。

习近平总书记特别关注反恐怖斗争。他在中共中央政治局就切实维护国家安全和社会安定进行第十四次集体学习时指出，反恐怖斗争事关国家安全，事关人民群众切身利益，事关改革发展稳定全局，是一场维护祖国统一、社会安定、人民幸福的斗争，必须采取坚决果断措施，保持严打高压态势，坚决把暴力恐怖分子嚣张气焰打下去。要建立健全反恐工作格局，完善反恐工作体系，加强反恐力量建设。要坚持专群结合、依靠群众，深入开展各种形式的群防群治活动，筑起铜墙铁壁，使暴力恐怖分子成为“过街老鼠、人人喊打”。要发挥爱国宗教人士作用，加强对信教群众的正面引导，既满足他们正常的宗教需求，又有效抵御宗教极端思想的渗透。

习近平总书记非常强调金融安全。2017 年 4 月 25 日，中共中央政治局就维护国家金融安全进行第四十次集体学习。习近平总书记在主持学习时强调，金融安全是国家安全的重要组成部分，是经济平稳健康发展的重要基础。维护金融安全，是关系我国经济社会发展全局的一件带有战略性、根本性的大事。金融活，经济活；金融稳，经济稳。必须充分认识金融在经济发展和社会生活中的重要地位和作用，切实把维护金融安全作为治国理政的一件大事，扎扎实实把金融工作做好。总体看，我国金融形势是良好的，金融风险是可控的。同时，在国际国内经济下行压力因素综合影响下，我国金融发展面临不少风险和挑战。在经济全球化深入发展的今天，金融危机外溢性凸显，国际金融风险点仍然不

① 钟国安. 以习近平总书记总体国家安全观为指引，谱写国家安全新篇章. 求是，2017(8).

少。一些国家的货币政策和财政政策调整形成的风险外溢效应，有可能对我国金融安全形成外部冲击。对存在的金融风险点，我们一定要胸中有数，增强风险防范意识，未雨绸缪，密切监测，准确预判，有效防范，不忽视一个风险，不放过一个隐患。

3. 正确把握国家安全的形势和意义

有效维护国家安全，还要求我们正确把握其形势和意义。2017 年 2 月 17 日上午，习近平总书记在京主持召开国家安全工作座谈会并发表重要讲话，强调认清国家安全形势，维护国家安全，要立足国际秩序大变局来把握规律，立足防范风险的大前提来统筹，立足我国发展重要战略机遇期大背景来谋划。世界多极化、经济全球化、国际关系民主化的大方向没有改变，要引导国际社会共同塑造更加公正合理的国际新秩序。不论国际形势如何变幻，我们要保持战略定力、战略自信、战略耐心，坚持以全球思维谋篇布局，坚持统筹发展和安全，坚持底线思维，坚持原则性和策略性相统一，把维护国家安全的战略主动权牢牢掌握在自己手中。

“明者因时而变，知者随事而制。”当前，国际形势变幻莫测、风险频现、危机不断，国际及地区秩序更替变换、纷繁复杂，各种矛盾亦随之叠加爆发，世界步入动荡多变的秩序重塑期。我们要立足国际秩序这个大变局来把握规律，因势利导、趋利避害，做好正向引导，确保国家安全。习近平指出：世界多极化、经济全球化、国际关系民主化的大方向没有改变，要引导国际社会共同塑造更加公正合理的国际新秩序。要切实加强国家安全工作，为维护重要战略机遇期提供保障。

“天下之患，莫大于不知其然而然。”无论什么样的风险，防范的成本都要远远低于化解的成本。应对国家安全风险必须下好先手棋、打好主动仗，把工作关口前移，认清趋势，掌握苗头，把问题解决在萌芽状态，立足防范风险的大前提来统筹。习近平指出：要强化忧患意识，提高政治警觉，增强工作预见性，不断创新理念思路、体制机制、方法手段，全面提升防范应对各类风险挑战的水平，确保国家长治久安、人民安居乐业。

“机不可失，时不再来。”机遇永远只留给有准备者。当前，谋划国家安全战略必须立足我国发展重要战略机遇期这一大背景，不能被风险和挑战障目。要看到，实现中华民族伟大复兴面临的挑战前所未有，面临的机遇也前所未有。习近平指出：我们正在推进具有许多新的历史特点的伟大斗争、党的建设新的伟大工程、中国特色社会主义伟大事业，时刻面对各种风险考验和重大挑战。这既对国家安全工作提出了新课题，也为做好国家安全工作提供了新机遇。

三、中国特色公共安全和国家安全的理念和路径

在新时代，我们必须准确把握公共安全和国家安全形势，构建公共安全体系，牢固树立和认真贯彻总体国家安全观，以人民安全为宗旨，走中国特色公共安全和国家安全道路，努力开创公共安全和国家安全治理工作新局面，为实现中华民族伟大复兴中国梦提供坚实安全保障。

习近平总书记反复强调，维护国家安全，必须做好维护社会和谐稳定工作，做好预防化解社会矛盾工作，从制度、机制、政策、工作上积极推动社会矛盾预防化解工作。要增强发展的全面性、协调性、可持续性，加强保障和改善民生工作，从源头上预防和减少社会矛盾的产生。要以促进社会公平正义、增进人民福祉为出发点和落脚点，加大协调各方面利益关系的力度，推动发展成果更多更公平惠及全体人民。要完善和落实维护群众合法权益的体制机制，完善和落实社会稳定风险评估机制，预防和减少利益冲突。要全面推进依法治国，更好维护人民群众合法权益。对各类社会矛盾，要引导群众通过法律程序、运用法律手段解决，推动形成办事依法、遇事找法、解决问题用法、化解矛盾靠法的良

好环境①。

1. 共建共治共享公共安全

习近平总书记在中共中央政治局第二十三次集体学习时指出，公共安全无处不在。维护公共安全，必须从建立健全长效机制入手，推进思路理念、方法手段、体制机制创新，加快健全公共安全体系。各级党委和政府要切实承担起“促一方发展、保一方平安”的政治责任，明确并严格落实责任制，落实责任追究。要坚持标本兼治，坚持关口前移，加强日常防范，加强源头治理、前端处理，建立健全公共安全形势分析制度，及时清除公共安全隐患。

这其中，编织全方位、立体化的公共安全网是健全公共安全体系的重要举措。公共安全网是以突发事件、承灾载体、应急管理等核心要素及其关联关系构成的横纵互联、虚实结合的大规模复杂网络。通过科技和管理的有机结合，充分运用复杂系统动力学、大数据、云计算、物联网、决策科学、安全平台和应急技术装备等现代科学技术手段，揭示研究对象自身发展规律及其内在联系，实现高效有序的网络运行。提高公共安全体系精细化水平，从预判预警到应急处置，在物理空间、信息空间和心理空间，构建公共安全人防、物防和技防网络，实现人员素质、设施保障和技术应用的整体协调，解决公共安全领域的突出风险和突发事件的辨识、准备、监测、评估、判定、决策、预警、处置、救援和恢复重建等重大问题，驱动国家公共安全保障能力的持续提升。

维护公共安全体系，要从最基础的地方做起。把基层一线作为公共安全的主战场，坚持重心下移、力量下沉、保障下倾，实现城乡安全监管执法和综合治理网格化、一体化。提高公共安全体系精细化水平，每一个环节都要深入考虑和谋划。构建公共安全人防、物防、技防网络，实现人员素质、设施保障、技术应用的整体协调。认真汲取各类公共安

① 习近平在中共中央政治局第十四次集体学习时强调，切实维护国家安全和社会安定，为实现奋斗目标营造良好社会环境. 人民日报，2014-04-27 (1).

全事件的教训，推广基层一线维护公共安全的好办法、好经验。

需要强调的是，健全公共安全体系必须依靠创新。贯彻实施创新驱动发展的国家战略，大力推进公共安全保障的思路理念、体制机制、方法措施和技术装备创新，充分发挥科技创新在全面创新中的支撑和引领作用，实现国家公共安全治理体系和治理能力的现代化。“十三五”期间，公共安全领域的科技创新主要聚焦以下三方面：

一是构建全方位、立体化公共安全网技术体系。面向国家公共安全保障的突出问题和重大需求，重点围绕共性基础科学问题、安全信息系统、社会安全综合治理、生产安全、城镇安全、重大基础设施安全、抵御和应对自然灾害、公共卫生安全、生物安全、农产品食品药品安全等方面的关键科技瓶颈问题开展研究和应用示范，建立公共安全风险评估、预防准备、监测预警、态势研判、救援处置、综合保障等关键环节的公共安全风险防控技术体系。

二是构建标准化的公共安全应急技术装备体系。针对突发事件应对中人员救护和现场处置薄弱的问题，围绕公共安全应急的关键装备和应急服务，开展基础科学问题、共性关键技术、技术标准化和产业化等研究，研发出一批标准化、体系化、成套化的应急技术装备，服务于提升应急保障能力和培育形成新的应急产业经济增长点。

三是建设代表国家水平、世界一流的国家实验室等不同类型的研究基地。其中包括：能在实验室中再现公共安全事件灾害性耦合作用，再现承灾载体破坏，导致次生、衍生事件及事件链过程的大型实验基地；能对公共安全装备和产品进行检验和测试的检测认证中心；能对公共安全事件发生、发展和应对处置全过程进行动态模拟仿真、情景构建推演、态势研判、优化决策、指挥跟踪的专题数据库和先进显示系统。

同时还要坚持群众观点和群众路线，拓展人民群众参与公共安全治理的有效途径。要把公共安全教育纳入国民教育和精神文明建设体系，加强安全公益宣传，健全公共安全社会心理干预体系，积极引导社会舆论和公众情绪，动员全社会的力量来维护公共安全。民众是公共安全保障的主体，他们既是公共安全保护的主要对象，又是实施公共安全保障的重要力量。公众参与对维护公共安全、预防和应对安全风险非常关键。在灾害事故来临时，公众第一时间的自救和互救对提高生存率发挥着不可替代的作用。要完善公共安全学科建设和教育体系，构建覆盖专业人才培养与基层民众科普的公共安全教育体系，建设一批公共安全体验、培训、演练基地。着力提高民众的安全意识、安全素质和自救互救能力①。

2. 坚持和落实总体国家安全观

习近平总书记指出：时代是思想之母，实践是理论之源。实践发展永无止境，我们认识真理、进行理论创新就永无止境。总体国家安全观的形成和发展，是理论创新和实践创新、理论发展和实践发展紧密结合和相互促进的过程。实践充分证明，总体国家安全观蕴含着中国特色国家安全价值理念、工作思路和机制路径，是指导国家安全工作的科学理论。

统筹发展和安全，增强忧患意识，做到居安思危，是我们党治国理政的一个重大原则。必须坚持国家利益至上，以人民安全为宗旨，以政治安全为根本，统筹外部安全和内部安全、国土安全和国民安全、传统安全和非传统安全、自身安全和共同安全，完善国家安全制度体系，加强国家安全能力建设，坚决维护国家主权、安全和发展利益。

一是加强党对国家安全工作的领导。党对国家安全工作的领导，是社会主义制度的必然政治要求，是维护国家安全和社会安定的根本政治保证。为了更好适应国家安全面临的新形势新任务，我们党第一次设立中国共产党中央国家安全委员会，由习近平总书记担任主席，建立了集中统一、高效权威的国家安全领导体制；制定并实施《国家安全法》，极大提升了国家安全法治化水平；制定并实施《国家安全战略纲要》，出台《中共中央关于加强国家安全工作的意见》，明确了国家安全的总体部署；把国家安全保障能力建设纳入“十三五”发展规划纲要，更好地适

① 范维澄. 健全公共安全体系 构建安全保障型社会. 人民日报，2016-04-18（9）.

应了国家安全工作需要。2017 年 2 月，习近平总书记主持召开国家安全工作座谈会，进一步强调，各地区要建立健全党委统一领导的国家安全工作责任制，强化维护国家安全的责任。可以说，中国特色国家安全体系的“四梁八柱”初步建立起来了，对国家安全的支撑作用日益显现。

二是始终把人民安全放在最高位置。国家安全一切为了人民，必须把人民安全作为根本目的，充分体现以人民为中心的国家安全理念。面对经济发展新常态，确保经济在合理区间运行，积极发挥社会政策的托底作用，人民生活持续改善；完善立体化社会治安防控体系，坚决打击暴力恐怖活动，坚决遏制严重刑事犯罪高发态势，创造了更加安定的社会环境；妥善应对重大自然灾害和突发事件，保障了人民群众生产生活条件；加强海外利益保护，综合施策保障境外公民和机构安全，积极营救被绑架劫持人员，从局势动荡的马里、南苏丹、也门、尼泊尔等国撤离滞留同胞；坚持走群众路线，大力开展国家安全宣传教育，充分调动人民群众的积极性和主动性，夯实国家安全的根基。

三是维护和塑造中国特色大国安全。各重点领域国家安全工作稳步推进；全面从严治党，政治安全基础更加牢固；防范化解经济金融风险，经济安全基础不断巩固；深化国防和军队改革，扎实推进文化软实力建设，不断提高社会治理整体水平，军事、文化、社会保障更加有力；坚持“一国两制”方针不动摇，依法遏制“港独”，保持香港、澳门的繁荣稳定；推进两岸关系，坚决开展反“台独”斗争，努力维护两岸关系和平发展局面；积极维护海洋权益，开展卓有成效的维权斗争。

此外还要加强安全领域国际合作，巩固睦邻友好格局，深入推进周边命运共同体建设，打造可靠的战略依托；努力构建总体稳定的大国关系框架，推动中美关系持续健康稳定发展，全方位推进中俄高水平战略协作，加强中欧各领域交流合作，稳定外交大局；大力推进“一带一路”建设，携手打造“绿色丝绸之路”“健康丝绸之路”“智力丝绸之路”“和平丝绸之路”。

实践充分昭示，中国特色大国安全既要维护也要塑造，必须立足国际秩序大变局来把握规律，立足防范风险的大前提来统筹，立足我国发展重要战略机遇期来谋划。一方面，要严密防范各种安全风险集聚交汇形成风险综合体，守住不发生系统性风险和不犯颠覆性错误的底线，有力有效维护国家安全。另一方面，要主动塑造内外安全环境，善于观大势，加强对国家安全形势的跟踪研判，力求在变局中把握规律，在乱象中趋利避害，在斗争中争取主动。要加强战略谋划，坚持以全球思维谋篇布局，塑造总体有利的国家安全战略态势。要开拓进取、勇于担当，在国际舞台上积极发出中国声音，坚决维护我国主权、安全和发展利益①。

① 钟国安. 以习近平总书记总体国家安全观为指引，谱写国家安全新篇章. 求是，2017(8).

后　记

自2002年开始，伴随着政府职能转变，社会建设逐渐成为国家生活的一个热点话题。在党领导下，经过十几年的探索，社会建设已经升华为一个重要的施政概念，形成了一个特色鲜明的理论范畴。党的十六大以后，社会建设开始上升到与经济建设、政治建设、文化建设相同的高度。党的十八大提出了经济建设、政治建设、文化建设、社会建设和生态文明建设的“五位一体”总体布局。社会建设作为一个新的理论和实践领域，其所蕴含的社会建设本质、社会建设价值和社会建设路径，以及社会建设中民生工程所要求的“幼有所育、学有所教、劳有所得、病有所医、老有所养、住有所居、弱有所扶”等，形成了社会建设研究的基本维度。

2017年党的十九大召开后，因公务员教学、政策研究以及学科建设的需要，原国家行政学院党委决定编写一套研究学习党的十九大报告的系列读本，由我担任编写《当代中国社会建设》一书的牵头人，协调学院有意愿的学者组成了编写组。大家根据党的十七大报告、十八大报告，十八届三中全会公报和党的十九大报告中有关社会建设内容，结合学科角度的理解，确定了图书编写的结构及内容。后来，大家又根据党的十九届五中全会《中共中央关于制定国民经济和社会发展第十四个五年规划和二〇三五年远景目标的建议》精神，对图书内容做了相应调整和完善。

本书由中共中央党校（国家行政学院）的 9 位同行学者合作完成，具体分工为：

序言由本书主编马庆钰教授撰写；第一章、第二章由马庆钰教授和社会和生态文明教研部副教授毛佩瑾博士编写；第三章由本书副主编马福云教授编写；第四章由社会和生态文明教研部副教授张林江博士编写；第五章由公共管理教研部博士生导师胡仙芝研究员编写；第六章由本书副主编李志明教授编写；第七章由社会和生态文明教研部社会学教研室副主任胡薇副教授编写；第八章由研究生院二级巡视员、博士生导师袁金辉研究员编写；第九章由社会和生态文明教研部博士生导师胡颖廉教授编写。

本书编写和出版的协调工作由李志明负责，由马庆钰和马福云统稿、定稿。

本书在编写和出版过程中得到了中共中央党校（国家行政学院）社会和生态文明教研部主任龚维斌教授的大力支持，得到了中共中央党校（国家行政学院）时任项目总协调人杜正艾副主任的帮助，得到了中国人民大学出版社政治与公共管理出版分社朱海燕副社长的支持。在此一并表示衷心的感谢。

马庆钰

2021 年 5 月于珠海

“认识中国·了解中国”书系

中国智慧：十八大以来中国外交（中文版、英文版） 金灿荣

中国治理：东方大国的复兴之道（中文版、英文版） 燕继荣

中国声音：国际热点问题透视（中文版、英文版） 中国国际问题研究院

大国的责任（中文版、英文版） 金灿荣

中国的未来（中文版、英文版） 金灿荣

中国的抉择（中文版、英文版） 李景治

中国之路（中文版、英文版） 程天权

中国人的价值观（中文版、英文版） 宇文利

中国共产党就是这样成功的（中文版、英文版） 杨凤城

中国经济发展的轨迹 贺耀敏

当代中国人权保障 常 健

当代中国农村 孔祥智

教育与未来——中国教育改革之路（中文版、英文版） 周光礼 周 详

当代中国教育 顾明远

全球治理的中国担当 靳诺 等

中国道路能为世界贡献什么（中文版、英文版、俄文版、法文版、日文版） 韩庆祥 黄相怀

时代大潮和中国共产党（中文版、英文版、法文版、日文版） 李君如

社会主义核心价值观与中国文化国际传播 韩 震

我眼中的中韩关系 [韩] 金胜一

中国人的理想与信仰（中文版、英文版） 宇文利

改革开放与当代中国智库 朱旭峰

当代中国政治（中文版、英文版） 许耀桐

当代中国社会：基本制度和日常生活（中文版、英文版） 李路路 石磊 等

国际关注·中国声音（中文版、英文版）	本书编写组
中国大视野2——国际热点问题透视	中国国际问题研究院
中国大视野——国际热点问题透视	中国国际问题研究所
中国新时代（中文版、英文版）	辛向阳
构建人类命运共同体（修订版）	陈岳　蒲俜
新时代中国声音	中国国际问题研究院
中国生态文明新时代	张云飞
当代中国扶贫（中文版、英文版）	汪三贵
当代中国行政改革	麻宝斌　郝瑞琪
当代中国文化的魅力	金元浦
城镇化进程中的中国伦理变迁	姚新中　王水涣
数字解读中国：中国发展坐标与发展成就（中文版、英文版）	贺耀敏
中国改革和中国共产党	李君如

图书在版编目（CIP）数据

当代中国社会建设 / 马庆钰主编. --北京：中国人民大学出版社，2021.6

“认识中国·了解中国”书系 “十三五”国家重点出版物出版规划项目

ISBN 978-7-300-29453-7

Ⅰ.①当… Ⅱ.①马… Ⅲ.①社会主义建设-研究-中国 Ⅳ.①D61

中国版本图书馆 CIP 数据核字（2021）第 101317 号

“十三五”国家重点出版物出版规划项目

“认识中国·了解中国”书系

当代中国社会建设

主　编　马庆钰

副主编　马福云　李志明

Dangdai Zhongguo Shehui Jianshe

出版发行	中国人民大学出版社		
社　　址	北京中关村大街 31 号	**邮政编码**	100080
电　　话	010－62511242（总编室）		010－62511770（质管部）
	010－82501766（邮购部）		010－62514148（门市部）
	010－62515195（发行公司）		010－62515275（盗版举报）
网　　址	http://www.crup.com.cn		
经　　销	新华书店		
印　　刷	固安县铭成印刷有限公司		
开　　本	720 mm×1000 mm　1/16	**版　　次**	2021 年 6 月第 1 版
印　　张	11.25	**印　　次**	2024 年 8 月第 3 次印刷
字　　数	136 000	**定　　价**	78.00 元